José M Aguirre

Honduras

The reply of Colonel José M. Aguirre to some unjust strictures published

against that republic

José M Aguirre

Honduras
The reply of Colonel José M. Aguirre to some unjust strictures published against that republic

ISBN/EAN: 9783337314552

Printed in Europe, USA, Canada, Australia, Japan

Cover: Foto ©ninafisch / pixelio.de

More available books at **www.hansebooks.com**

HONDURAS.

THE REPLY

—OF—

Colonel JOSÉ M. AGUIRRE

TO SOME UNJUST STRICTURES PUBLISHED AGAINST
THAT REPUBLIC BY THE

"NEW YORK TIMES."

IN THE ENGLISH AND SPANISH LANGUAGES.

Breathes there a man with soul so dead
Who never to himself hath said—
This is my own, my native land?

SCOTT.

New York,
1884.

THE REPLY

—OF—

Colonel JOSÉ M. AGUIRRE

TO SOME UNJUST STRICTURES PUBLISHED AGAINST THE
REPUBLIC OF HONDURAS BY THE

"New York Times."

———

By a mere accident No. 10,274 of "The New York *Times*"
has fallen into my hands, many days after its date. It con-
tains an article entitled "A Race of Lazy People," which
pretends to describe the people of Trujillo in the Republic of
Honduras, and, indeed, of the same Republic in general.

Whoever knows that country may easily doubt that the
writer has ever been in Trujillo, and may even suppose that,
stimulated by the perusal of literary productions of the Jules
Verne school, he has only wished to delight the readers of
"The New York *Times*" with an effort at an original novel,
the scene of which might be placed with perfect indifference
in any country named in the geographical dictionary.

If it should happen that this hypothesis is not beyond probability, the right would surely remain to me of protesting
against so inopportune a selection, having thus the pain of
being unable to prophecy a very happy entrance to the literary vocation of so sterile and illiterate an author, who, at
the very first sight, shows that he has not come into the world
to cause admiration in the land of Fennimore Cooper and
Edgar Poe, by the height of his genius, nor by the clearness
and elegance of his style.

Therefore, animated by a sentiment of justice and a no less
natural one of true patriotism, I am about to make a few corrections which are important equally in the interest of truth,
for the credit of my native land, the Republic of Honduras,
and to the good name of the respectable newspaper which
published the article to which I allude.

I hope, then, "The New York *Times*" will grant a place
in its enlightened columns to this letter, since in them ap-
peared the article which caused it, and since, in virtue of
courtesy and justice, such satisfaction is due to a people condemned with so much falsehood and injustice.

Confiding thus in the impartiality and benevolence which
are characteristic of so important a journal, I proceed immediately to enter on my topic.

The article commences its notable work by calling Trujillo
the metropolis of Honduras, declaring it to be the largest
city and the most important port of the Republic, and stat-
ing that the principal part of the mercantile operations of
the country is carried on there.

In the second place, he says that this metropolis reckons
hardly four thousand inhabitants, according to their own
general statement, and even this is doubtful to him ; and he
is of opinion that the operation of counting the population
would be a very easy one, as the people are always to be
found in their houses, the women in the interior, the men
seated at the doors, and the children romping in the street
under the shade of the cocoa trees.

According to him the commerce of the place is all in the
hands of a few Americans and Scotch, and the agriculture is
reduced to some mean farms of plantain, on the fruit of which
the whole population lives, and a few small plantations of
pineapples and orange trees.

Moreover, he says that the houses of the city consist of a
few holes and narrow caves, full of dirt and fleas, and that it
is a veritable difficulty for the traveler to find lodging ; and
after this he meets everywhere another greater and graver
difficulty, which is to discover something fit to eat, and he is
exposed to all the hardships of hunger.

Describing the plaza, which he locates in what he calls
the new and more habitable part of the city, he tells us that
the buildings which surround it belong to the naturalized
Spaniards of the place.

Alluding to public instruction, he announces that it is in
a state of negligence and abandonment, and that although
the American residents have established a few schools, these
are in a sad situation, for want of patronage, and of concurrence on the part of the pupils.

He calculates that there is a military garrison, composed
of twenty soldiers and a greater number of officers ; that the
first are dull, indolent and clumsy ; that when drill is en-
forced on them every day they waste an hour in handling
the gun, or in executing any simple movement, after which
they sleep on foot ; that their sole or principal occupation is
that of guarding criminals condemned to prison ; that, in
time of peace, they do not sleep in the fort, but retire to pass

the night under the trees on the margin of the sea ; that they wear, according to caprice, different and motley uniforms ; that when he landed in Trujillo a soldier presented himself, who rendered up his arms, and was dressed in red artillery trousers, infantry boots and a cavalry hat.

A previous statement made by him was that the first seen of the city, when viewed from the sea, is a great wall or rampart with which Hernan Cortez surrounded it.

Again, we are told that the prisoners are not supported by the State, but are led, after working hours, from door to door of the neighboring houses, to beg sustenance in the name of charity.

He further relates that the famous adventurer, William Walker, went to Trujillo for the purpose of establishing slavery in the country, but was arrested and shot. This being the only extraordinary event that has taken place in the country since it became independent of Spain, all the inhabitants are extremely anxious to give the details to every stranger who arrives.

Speaking of a certain class of the population, known by the name of " Caribe," he says, among other things, that the men are in the habit of daily beating their wives without taking the trouble to explain the motive of their action.

In order to make love in Trujillo one has only, he says, to select a young girl fourteen years old, give her a present, and that will be sufficient to make her resolve to live with him who desires her, reserving the right of leaving him immediately for any other lover who may be a finer man or more liberal in his gifts.

He tells us that when the ship in which he was, dropped her anchor in the harbor of Trujillo the Captain hastened to indicate by signs that he had commercial goods on board ; but the merchants did not move from their seats, outside their stores, where they were amusing themselves smoking a large pipe which represented Washington crossing the Delaware, nor did they return the least thanks for the disembarkment of their respective caroges. notwithstanding that his is the only occasion on which these marmots give sign of not having lost the faculty of motion. Meanwhile the Captain before mentioned wearied himself calling from the beach for the people to come in long boats to examine the cargo, to which effect he was screaming frantically in English, Italian and Spanish.

He goes on to say that the freight clerk of the vessel prepared to go on shore, as it appears before receiving any visit, and that he took him in his boat. There was at the season a high tide, through which the cargo could not be carried that day, and they themselves were drawn to the shore through an immense wave, without breathing and with the rapidity of an arrow. There they met two Americans, who had the bad fortune to live in the country, and who gave them much information, including that which referred to the shooting of Walker. Then, in the first place, they had to visit the Custom House, which is situated in the new part of the city about a mile from the sea, all the offices of which they found closed, although it was hardly mid-day. It was necessary to immediately find the principal officials, which, happily, was not difficult, as they were close by in a public gin house with a bottle beside them, from which they took repeated draughts, continuing yet a long time this pleasant occupation, entertaining their visitors, and showing great pleasure at the sight of a bag of money, which the freight clerk had brought them.

He finally concludes the subject by saying, that those blessed administrators of public wealth had diverted themselves by gambling the money they had received by the last ship.

Here, he makes, in passing, but with all seriousness, a few observations of the economical character on the fiscal branch of liquors in Honduras, declaring that in Trujillo gin is used almost exclusively, notwithstanding that its introduction is prohibited, and that the government of the Republic refuses to consent to the sale of any liquors except those which come from their own distilleries.

Here he ends, endeavoring to enlarge his ideas on the subject of the commerce, by saying that in those establishments, reigns the greatest quiet. They are carried on by an enormous number of employees, who earn twenty-five dollars a week by a life of idleness, reading light novelettes, and sleeping away the hotest part of the day. These, after two or three years, return to their old homes somewhat rich in money but millionaires in fever.

Such are the chief affirmations of the writer, so painstaking in pointing out the faults of Trujillo and the extraordinary poverty of its inhabitants. And as an act of piety, and in order to throw a little light amidst the shadows, in which he has drawn his picture, he adds that the harbor is large, fine, and well defended, and that the resident strangers augur well for the future.

He has also the grace to admit, that we have horses which, although small, are strong and swift; and even he bursts into poetic prose when describing how the trees in the forests wave when stirred by the breeze.

Port, horses, trees and breeze! Behold, here, all for which the ruffled soul of our curious writer gives thanks!

Yet, hold! he has another stroke of good humor. He says the sleepy and indolent people of Trujillo, moved by the idea of establishing water works in the city, are beginning to shake off their profound lethargy. But again he very soon robs us of our illusion by prophesying that these works will remain mere projects, since, however easy and of little cost it might be to complete them, they will strike on a rock in the difficulty of obtaining workmen, notwithstanding that the government destines for the work all the criminals in the country.

It appears incredible that an American traveler, one of a people so sensible, so wise and just in their estimates; it appears truly incredible that he should give vent to such a heap of intemperate extravagance, through the medium of the press, and in a journal so important, and so much read as "The N. Y. *Times*," without so guarding his statements, that no one would be able to prove the absurdity and falsehood of his affirmations.

It is, moreover, hardly generous, to say nothing harsher, to discharge the weight of intemperate eloquence against a young, modest and distant people, who possess in themselves so many natural advantages; whose pleasure it is to welcome strangers in equal measure with their own children, and who excel so highly in the practice of many eminent virtues, amongst which shines, as in few places on our planet the holy virtue of hospitality.

But nothing in favor of Trujillo or Honduras, that might give an appearance of truth to his judgments, or even keep him from failing in his role of good observer, occurred to this famous traveler.

Nothing occurred to him that he might say of the eternal spring which our land boasts, of our navigable rivers, our enchanting lakes, our rich mines of stone and precious metals, prairies ever green, gigantic forests and various *fauna*.

Nothing of the wonderful fruitfulness of our virgin soil, which produces, almost spontaneously, the most highly valued fruits of all zones.

Nothing of our natural honesty and geniality, our beautiful sky, our clear nights, our perfumed breezes, the benignity of our interior climate, where the suffocating heat of the northern summer, and the intense cold of the northern winter are alike unknown.

Nothing occurred to him concerning our advanced and literal institutions, in which the most absolute liberty of thought and conscience is found, the separation of church and state, universal suffrage, municipal autonomy, the *Habeas Corpus* act, the almost complete abolition of capital punishment, gratuitous justice, civil marriage, the fullest rights and guarantees for strangers and other advantages, no less precious, which place our small Republic in the list of civilized nations, making it worthy, and very worthy, of the esteem and respect of all peoples.

Nothing of the liberality with which the government gives reception and protection to all industrial enterprises and scientific undertakings, and the especial favor and sympathy which American projectors find amongst the people.

Nothing of our railroad, telegraphs, high roads now in construction, charity hospitals, colleges and universities.

Nothing of our legislation, our court of justice, our press and our postal system.

Nothing of the national and effective equality of all men, without distinction of birth or race, or of the singular and famous fact enviable certainly by the North Americans, of our having commenced our life as an independent and sovereign nation, by suppressing on our soil *de facto* and without violence the infamous system of slavery.

Nothing in relation to our beautiful, honest and *spirituelle* women, so frank and loving, so tender and resigned; faithful keepers of their husband's honor, veritable household angels, fit and fervent priestesses in the sacred worship of the family.

Nothing of the frankness, valor and courtesy which are, as gold, indigenous to our land ; of the generous temper, honor, friendliness and loyalty of the natives ; of that truly notable fact, without example in other places, the complete security with which one may travel through the entire country, carrying valuables in metal, yet untroubled by fear of beggars or marauders.

Nothing, in short, of the very many other points, more or less worthy of remark, which would call the attention of any other traveler not quite so much the *observer*, as is proven by the more gifted and more judicious pages which other Americans have written about our country.

And, indeed, to say now that he only intended to speak in reference to a particular locality will not serve to justify our scribbling traveler, because he neither knew how to understand that locality nor was just in his estimates of it, nor confined himself to it alone, every time that he made statements of clear and unmistakable meaning, as is easily seen by that in which he declares Trujillo to be the metropolis of Honduras.

What would really serve him for apology would be to shelter himself under the immutable law of nature, by virtue of which pears do not grow on elm trees ; but in this case he was very well able not to have put his head into a shirt of eleven yards.

May it not be that our illustrious traveler met in Trujillo with an occasional contradiction, or had a complete and rude disenchantment, caused by the too flattering hopes which he founded, perhaps, on an insensate pretension ?

Did he think, by chance, to see. on his arrival in that country, our modest cities paved with grains of gold, and the trees in the forests bending to the earth under the weight of steaks and stuffed turkeys?

It costs me work, and very idle and useless work, to try to decipher this riddle, containing probably a hidden moral, of which no one has reason to be proud.

But, be that as it may, I am going to undertake here a simple, though truthful, refutation, invoking the authorized testimony of all the judicious and accurate Americans who have visited the Republic of Honduras.

It would be uselessly prolix and diffuse to refer in detail, or with precise method, to each and every one of the pieces of information contained in the production of this article-writing traveler; information wild and, for the most part, without importance, acquired, it may be, when he was mastered by sea sickness, and written under the influence of some situation or indisposition very similar, although of factitious character.

Unhappy the history written under such conditions, and equally unfortunate would be "The New York *Times*," unless possessed of better reporters.

I now enter fully on the ground of my corrections, confining myself particularly to what touches the more important considerations.

I should say in the first place that Trujillo, from whatever point of view you may consider it, is not, and does not pretend to be, the metropolis of Honduras.

It is neither the largest, nor the richest, nor the most commercial. nor the most civilized city, nor the most considerable maritime port, nor the place in which the Republic verifies its principal importations and exportations.

As a seaport, on account of its natural qualifications, its proximity to the greatest producing and consuming centres, its greater movement, its facility for transport, Amapala, on the secure and picturesque gulf of Fonseca, is, without doubt, the first and greatest port of the Republic.

As a populous city, as a commercial centre, as an industrial seat, as a home of accumulated wealth, as a place of recreation and material beauty, as a leader in culture and refinement, the palm must be, by general consent, granted to Tegucigalpa, the capital of the Republic, and bearing in respect to Trujillo the same proportion that the city of New York does to Long Island City or Hoboken. And we have also at least a dozen cities (in the first rank of which figure Juticalpa, Comayagua, Santa Rosa, Yucarán, Danli, San Pedro, and others) which in many ways take the lead of it.

The population of Trujillo is, numerically, what the writer of the article states, and it is a pity, since he thought the matter so easy, that he did not count the inhabitants and so completely dispel all his doubts.

The announcement that the inhabitants are always to be found in the houses, the women inside, the children playing under the cocoanut trees, the men generally at the doors, and the merchants smoking a pipe representing Washington crossing the Delaware, is an absurdity on the face of it. One cannot conceive the immovable existence of such men, particularly in our days of calamity and decline, when faith is no longer a very digestible substance, and is not converted into chyle for the nourishment of our vitiated blood, when manna and cold quails do not fall on the open fields, and when God, tired of the office of king's butler, refuses to aid, with anything, those who do not aid themselves by their own activity. Is there, by chance, a rhetorical figure in this ? Let it pass, then, for hyperbole or metaphor. But there is no figure which suffices to explain the improbable tale of having seen the merchants smoking one common pipe or pipes singularly similar, which of the two is not clearly specified by our novelistic traveler ; and still less can his account be admissible in the part that relates to the children, as there is not a single cocoanut tree under the shade of which they can indulge in their infantile gambols. Nor is it true that the commerce of Trujillo is in the hands of Americans and Scotch. Assuredly this is not so, for there is not a single Scotchman engaged in trade, on either a large or a small scale ; or, if there be, he must be almost unknown, as there are not any amongst the clerks of the respectable house of Binney, Mélhado & Co., whose principal is a native of Jamaica, who is little less than a Hondureño, married many years in the country, where he has made his position and his fortune, and lived two-thirds of his life.

I may say, at the same time, that there does not exist more than one American house, and even this is of the second class, although sufficiently accredited, belonging to an honest citizen of the great Republic named Mr. Geks.

The greater part of the chief commercial houses belong to Hondureños, who have never had relations in Scotland or the United States, such as Messrs. José Juliá and associates, and Mr. Prospero Castillo. And after these, and those mentioned already, Messrs. Binney, Mélhado & Co. are found occupying a very considerable and well regarded place, gentlemen who are natives of France, Italy and the Great Antilles.

As for the writer's assertion, that the inhabitants of Trujillo live wholly on plantains, aside from the fact that this fruit affords a most agreeable saccharine food, nutritive and healthy, very superior to potatoes and sweet potatoes, as is proved by chemical analysis, and the opinion of learned naturalists, and that the superabundance with which they are produced, and the ease with which they are cultivated, speak very advantageously for the Central-American country; aside from this, I say, it is necessary to recognize in how much of the truth the writer is wanting, as the people of Trujillo habitually live on wheaten bread, the flour of which they import from the neighboring market of New Orleans.

The poor classes frequently alternate this food with the plantain, of the kind they call "macho," and which they know how to dress in different fashions. They also mix it with a special paste, called "*tortilla*," which they make of maize, steeping it first in potash or chloride of lime, which serves at the same time to cleanse and separate the pellicles, and to make the delicate part of the grain more plastic. And, above all, they use another bread, named "casabe," equally healthy and nutritious, made from the much prized starch of a tuberous root of indigenous growth, highly cultivated on our coasts, and vulgarly known by the name of "*yucca* needle," the most esteemed product of a plant of tree like form, which belongs to the "araceas" family, and from which is extracted an albuminous substance very similar to what is called in the market, sago.

It is certain that we have not in Trujillo, as in the United States, magnificent hotels, capable of affording luxurious lodging to strangers accustomed to the life of the great world; but neither is the statement of the article writer true, for we possess one which is not to be despised for its appointments, the proprietor of which is an industrious and honorable Frenchman, named Mr. Lacasagne, who provides excellent entertainment for his guests at moderate charges, and a table sufficiently well furnished for the exigencies of the place.

There are also several other houses, capable of affording accommodation to the greater part of the travelers who ordinarily arrive; and certainly the open and generous hospitality, with which every guest is received and attended in private dwellings, is very remarkable.

With respect to public instruction, Trujillo is, unhappily, one of the Hondureñan cities, where this point is more neglected, and badly looked after; but, on this account, it can not be said that they want completely the means of education, as there are for both sexes, schools supported by the government, obligatory and gratuitous, both in the center, and on the outskirts of the city. And, to finally put his statements on the subject of education on a par with the rest of his affirmations, it may be added, that there is not, and never has been a single school founded or sustained by the Americans.

What he says of the military garrison is absolutely false. It is neither composed of twenty soldiers, not are the officers

a fourth of the stated proportion. Their principal occupation is not what he says, nor do they wear the motley uniform he
describes. The men never sleep away from quarters, nor do
they render arms to any one but the President of the Republic. In fact they are never found under the strange circumstances, in which he places them for the purpose of
ridicule.

The garrison spoken of is composed of fifty soldiers, with
the suitable commanders, sergeants and five or six other
officers, including in this number the captain of the company
and the Major of the fort. These ordinarily dress plainly
and without the strict uniform prescribed by law, as is the
case with the greater part of our army, except on days of
ceremony, which are those celebrating festivals of a national
character. There is not, at least, a single individual of the
soldier class, who wears boots, or handsome red trousers,
or any hat but that which he commonly wears when out of
the service, with simply the assistance of a ribbon or cock-
ade in which he shows the colors of his regiment. I pass
over the accident of an extraordinary charge or the case of
a small guard which does duty on the wharf. All the soldiers invariably sleep in the fort, which they are not per-
mitted to leave, in time of peace, after nine o'clock at night,
and it does not occur, and has never occurred, even by
exception, that the soldiers pass the night under the trees
on the margin of the sea. Their constant occupation is to
guard the fortress, to keep the armament and other implements of war in good condition, to exercise themselves in the
management of arms, take care of those condemned for
grave offenses, give security to the fiscal interests, and be at
the disposal of the constituted authorities for the prevention
of smuggling and the preservation of public order.

All this I know, and I know it indisputably better than
the notable writer of "The New York Times," because I am
a Hondureño, because I am a Colonel in the army of that
Republic, because I have had military command on the coast,
because I live in Trujillo, of which city and district I am ac
tually Mayor, the witness of its honorable municipal corpora-
tion, and because, a short while since, I was Governor of the
Department of Colon, of which the city in question is the
capital.

Finally, the military garrison of Trujillo, like all the others
of the Republic, goes in its turn to the reserve of our army,
which is composed of some fifty thousand men of all branches,
and is distinguished for qualities entirely contrary to those,
which our writer attributes to it.

Many strangers, observers, and learned men, have shown
themselves admirers of the condition and virtues of our soldiers, especially when they have seen them on the field, and

have had opportunity of contemplating their intelligence and courage in martial employment.

The illustrious General Raol, who was for a long time in the Central American service, in the memorable epoch of our Federation, and who, later, commanding under the last of the Buonapartists, arrived at one of the highest dignities of the French army, published in Paris an interesting memorial, the opinions of which he emphatically repeated in a proclamation, addressed to the troops under his command. In both the documents he asserted that he had never known soldiers readier, more long suffering, more indefatigable, and more courageous than those of Central America, and from amongst those he selected the Hondureños for the distinction of a place in the vanguard.

And more, I say, although it is not to be imagined that it is my intention to deny or discount in the least the high merit of those soldiers who served the New World in its hours of need, I say, availing myself of the unimpeachable testimony of history, that the American soldiers were, more than once, on the point of abandoning their glorious Father, Washington, in the war of Independence, on account of want of punctuality in the payment of their wages. But the soldiers of Honduras, who have often lacked everything, even the meanest ration of *maize* bread, during long years of disastrous war have never raised in their ranks even one voice to complain of the want of their salary ; and I have seen them, hungry and naked, march with enthusiasm to battle and to death.

People here, put your hands upon your hearts and compare.

But let us leave this ground and go forward.

There does not exist, nor has existed, outside the imagination of the fantastic traveler, that wall or fortification with which he tells us Hernan Cortez surrounded the city of Trujillo ; and the only wall there is, and which is visible from the sea, is that of the small fort, or water battery, which does not occupy, and never occupied, a greater extent than two hundred meters.

Nor can any part of the city be called new, although he so styles the oldest and central part where the largest buildings and the chief commercial establishments are found, as many ancient and well preserved ruins testify.

And I would have the writer of the article know that I do not deny the fact affirmed by him, that Trujillo has not advanced greatly for many years. I do not deny it, except to say that it has decayed very much from the importance which it had in the beginning of the century.

The same happened, generally, to the rest of the ports on the Atlantic coast, not only of Honduras but of all Central

America, since the Panama railroad and the Pacific lines of steamers carried there the staple commodities of commerce, it being only within a few years that the aforesaid Atlantic coast has commenced, through its frequent relations with Cuba and the United States, to regain to some extent its old advantageous commercial position.

It is not true that the square of Trujillo, where the custom house is actually situated, remains a mile distant from the sea, since its longer, regular way, called by the writer "street of commerce," is less than fifty meters long, which does not make the third of a mile.

Touching what the same writer says of the square just mentioned, that on it are all the buildings in which the resident Spaniards live, I bear witness that it is not alone untrue, but that there is not there one house in which even the fraction of a Spaniard dwells.

What, no doubt, caused the mistake of our traveler was that he has seen the banner of the Spanish Consul flying from a roof on this square ; but it does not follow that the Consul is a subject of the nation he serves. This gentleman is a Hondureño by country and birth, who discharges his duties honorably.

This refutation has no importance in itself, and I have only wished to give it in order to show to what lengths the talent for talking nonsense may go.

There is, in Trujillo, a certain class of the population to which I have, in passing, alluded. Those who comprise it live in the suburbs, entirely separated from the rest of the city, and came to our coasts about a century ago from the island of St. Vincent, in the West Indian sea. They preserve many of their ancient customs, and with little variation the same language, which they brought from their original African soil.

This family, for it can be considered as nothing else, is composed of pure blooded negroes, who give themselves the name "Morenos," showing no pleasure in that of "Caribes," by which they are generally known.

It is disseminated into small groups or villages all along the coast of the great gulf of Honduras, comprised between Belize and the Black River, which measures an extent of five *about* hundred miles.

All are fishermen, most skilful in navigating, in which art they are exercised from earliest childhood, indeed almost from the time they can walk.

They have generally a barometrical precision in prophecying good and bad weather to so sure a point that the most expert seamen who have come to know them do not disdain to consult their opinion in regard to this, always respecting the authority of their prognostications.

They are very sober and firmly abstain from the use of alcoholic drinks. It is uncommon to see an intoxicated "Caribe." I can positively assert that there is not in their number a confirmed inebriate.

They have a clear intelligence, and their language, which sounds like a carriage running along, approaches verbosity. They are fond of conversation, and when united talk all at the same time, forming an extraordinary combination of sounds. I have been often reminded of them when, through curiosity, I have visited a mercantile exchange in New York.

There is a genuine union between them. They mutually aid in their labors, especially in the construction of houses, and have at the same time so great a reserve towards all who are not of their race that it is very difficult to get them to tell what they know of the commission of a fault or crime which might compromise one of themselves.

Happily they are honest and humble, respectful of authority, and it is only from time to time that a criminal appears amongst the "Caribes."

When I say this I do not refer to smuggling offences, because they have an innate propensity for committing them. Their designs are materially aided by the reserve and union which distinguish them, and by their skilful manœuvres on the sea. It may be said that every "Caribe" is a smuggler.

At the same time they are laborious, prudent and clean. Amongst them there is never a scarceness of provisions, and they subsist principally on *yucas* bread and fish. They are healthy and robust, increase wonderfully, and generally reach an advanced age.

They take care to preserve their race without mixture, and do not unite with the other people of the country, whose mere social acquaintance they shun as much as possible, and even show refractory tendencies towards progress.

The women are timid, and fearful of ill. They decline even to listen to the matrimonial pretensions of any man not possessed of an ebony skin. They wear a special dress which perfectly defines their figures, generally well developed and voluptuous. Although they are not ordinarily pretty, neither is their type repugnant to the eye, it being not altogether rare to find amongst them some who might serve the artist as models of beauty.

It is moreover frequently to be observed that the women are greater workers than the men, in the weight of whose labors they voluntarily bear an equal share.

The men, in turn, have not the same consideration for them, since, even in the present time, no one has thought himself obliged to assume half the dangers and sorrows of raising children.

Several years ago, this race, of which I could give much and very curious information, if I were not afraid of dilating to much, practised polygamy and professed the fanatical doctrine of a divinity of evil, which was known by the name of *Mafia*, without having any representation or symbolical image.

The more intelligent and communicative of these people, explaining on several occasions, the fundamental belief of their doctrine, said that they recognized the co-existence of two supreme divinities, one of good and the other of evil. That the good one was by intrinsic and inevitable necessity, without power to be otherwise, even without liberty to desire to be so, and that he neither wanted nor asked the smallest tribute of offerings or prayers. The other was exactly what his name indicated, and had all the contrary qualities.

They concluded with more or less justice, that the great Genius or God of good, was wise, powerful, immovable and disinterested, and above all compassionate, munificent and without vanity. That he neither did nor could do anything, but that which he himself had ordered for all time, knowing that it was good in accordance with his nature and eternal wish. That he was in no way pleased with homage or prayers, as they were occasioned by a supposition of his being weak, impressionable and changeable; nor did he admit that his works could be arranged in any way that was not the emanation of his divine essence. But the Genius or God of evil, enemy of harmony, proud, turbulent, revengeful and cruel, was pleased in producing disorder, and in contemplating it. He was only appeased, and restrained, now and then, from discharging the rays of his fury, which alone gave repose to the impulses of his frantic vain and perserve nature, when he was compensated by holocausts prayers, humiliation and tears.

This doctrine which was practiced regularly in mystery, and with which they used to mix repugnant and unenlightened acts, immoralities, and even bloody sacrifices, has been at last suppressed, as has also been polygamy with its train of iniquities against woman, thanks to the irresistible influence of other ideas, no less than to the energetic action of the authorities, and the patient and salutary work of some evangelical missionaries.

I know very well that the above facts have no connection with the object of this letter, or if they have it is so indirect and distant that I should not have felt myself obliged to detail them; but I am equally aware that through the introduction of such material, a greater interest may be afforded to some of my indulgent readers, than a sterile polemic on the contents of an unsubstantial and worthless scribble could possibly offer.

With this apology I continue the task which I have undertaken.

It is not unlikely that the writer in the "N. Y. Times" may have seen or had intelligence of a whipping inflicted by a "Moreno" on the person of his wife. But this would not serve to give a typical idea of the customs of that people. Since they have become more civilized, notwithstanding their refractory tendencies, their proper spirit has revived in respect to the consideration due to woman; and, indeed, they never had such cowardly and despicable habits.

As for the prisoners, leaving work to beg alms for their necessary support, —that statement is in all points false, and an unfounded invention extremely injurious to the country I defend. I am sure that such a thing never occurred, not even by accident or special exception, for the State attends always and absolutely to the sustenance of all those, who have neither the wish nor the power to provide for themselves.

Nor has he any excuse, such as the anxious desire of producing an original and excentric novel might give, for the statement he makes as to the customary method of making love to girls in Trujillo. It is a fact that civilization has not yet reached in Honduras, the point of making women convert their favors into an article of commerce.

Nobody has dreamt of saying until now, that women in Honduras were interested, light and capable of being changed with so much facility into miserable instruments of impure animal pleasure.

Nobody has imagined that the women of any Central-American region could be so obscenely calumniated, and, less than any, the honorable superalatively modest women of Honduras, who preserve in the highest degree, the type of the patriarchial ages, the innocent candor of primitive symplicity.

No, sir, in spite of the great heat of our tropical sky, notwithstanding that the rays of the sun kiss us with such intense love, making the red magnetic fluid circulating in our arteries and veins ferment ; notwithstanding that there nature displays a luxury so prodigal of opposite energies, and that with its deliriums of transformation, its drowsy breezes, its soothing perfumes, its concupiscent activity, and its thousand and thousand forces working in the sap of all organizations—it invites one to drift calmly through the tumultuous waves of life and be submerged in the intoxication of universal love. Notwithstanding all this, which is certainly true of our torrid zone, and that it has impressed a characteristic seal on the races and sub-races of that portion of American soil, it is, all the same, a sufficiently well known fact, worthy of the meditation of the student of human nature, that our women are distinguished for purity, temperance and prudence, and that they always mingle with their most commonplace acts a tint of poetry and ideality.

It is another fact, equally established, that the want of factitious necessities. the loving care with which the grand mother nature has surrounded us with pleasures, the sort of education wh'ch is given and received in society and at home, the imaginative and dreamy character which is proper to the people, and the other high and generous qualities which peculiarly distinguish our Indo-Spanish family, cause even the lighter and less pure women of our land to desire to be loved, to be conquered, and even to be deceived, and obliged to bestow the gift of their personal graces, in return for attentions more or less delicate and spiritually sympathetic. And it is worthy of remark that a woman of less indisputable morals in Trujillo would ordinarily consider herself insulted by any man who would demand the favor of feminine caresses in exchange for money alone, and without further overtures.

All I have said is absolutely so, and the author of the impugned work has committed an error the more inexcusable, inasmuch as he has, in his unhandsome fictions, spoken generally of the women of Trujillo.

To say that the adventurer Walker was shot while endeavoring to establish slavery in the conntry, is simply to utter a calumny against the memory of that unhappy man, who fell a victim to a different kind of ambition, and who cannot arise from the tomb to defend himself. And in respect to the anxiety which our writer says the Trujillians show to relate to all strangers this sad episode, although it would be nothing particular if the tale were true, still it is necessary to say in honor of truth, that no such thing exists, and that it is only on rare occasions the memory of that event is evoked.

Would to God that the people of Trujillo, as the correspondent says, might not have more important recollections in the past!

That the commercial houses have an exaggerated number of employès, who earn twenty-five dollars per week by reading light novels and indulging in *siestas*, is an absurdity of magnitude, which does not merit the trouble of a contradiction. I will, therefore, content myselt by saying that there is not one, unless it might be the bookkeeper, who gains so large a salary, especially when it is the regular custom for the employés of commercial firms to lodge and board in their employer's house.

To turn next to the unhealthfulness which the writer

pretends to attribute to Trujillo. Since I see nothing more in this than that some of the employés return to their old and nameless homes, a little rich in money, and millionaires in fever, it will be sufficient to allude to the report of a medical commission from Louisiana. In this it is affirmed, with an authority indisputably greater than that of our unlearned scribbler, that Trujillo has a population extraordinarily healthy, and that there yellow fever has never been spread, not even by communication or contagion.

If the traveler had had the feeling of a true student, and had desired to learn the truth as to the state of the climate, he would have thought of applying to the official who has charge of the civil register to obtain from him figures in regard to the mortality. But he has shown that it was of no importance to him to verify his impressions when he could draw on the resources of his hairbrained imagination.

I will tell our worthy traveler, in respect to the unusual animation which he says has commenced in Trujillo with the project for water works, that it is just the author of these lines who has conceived the idea, taken under his charge the trouble of realizing it, and who hopes to conduct it to a happy conclusion within a very short time, conquering the supposed difficulty of the workmen, which fortunately does not exist, and without being at the necessity of employing criminals at the work.

For the aforesaid undertaking depends on appropriate and sufficient income, on the fruitful action of determined volunteers, on the incontestable virtue of the "almighty dollar," on the generous enthusiasm of the people of Trujillo, on the professed and efficacious protection of the present President of the Republic, and of its progressive and laborious Minister.

And here an incidental opportunity is presented of making a slight reference to the Government of Honduras, composed at present of enlightened men, presided over by a chief who is intelligent and of untainted honor. It is fit to make an allusion here, though only in a few words, to the indefatigable action of that same Government, pledged at present, to the immediate execution of innumerable works of moral and material progress, to which it has devoted its fruitful initiative, and almost the entire national revenues.

Happily for us, for the felicitous termination of our undertakings, and for a confident response to the necessities of the situation and the rational exigencies of an immediate future, we are able to boast of having succeeded in arranging the expenditures and malversations of former official immorality, being in this more fortunate than this remarkable Republic, at the same time that a well effected and fruitful peace has been definitely established.

Amongst these enterprises, which are, in truth, numerous and great, relative to the resources of the country, appear in the first rank schools, penitentiaries, public markets, water works, high roads, etc., etc., which I mention here only to give a more approximate idea of the actual situation of Honduras, and in order to refute the charge of incurable indolence which has been made against our Government in respect to the national methods of communication.

The writer of the article should have been more just, by relating what there is manifestly good, as also more noble and more courteous, in bestowing a few words of kind incitement and generous encouragement.

Is he, peradventure, so unfortunate as to have eyes which see everywhere the shade alone, or does he confess himself only able to calumniate?

According to what the cited article states, the houses of Trujillo are miserable huts, full of dirt and fleas. Now, it is not necessary to make any other contradiction to this other than that which disposes of all his intemperate and capricious affirmations, which is to say that it is difficult to find a single word of truth amongst them.

Perhaps it would not be uncharitable to suppose that our traveler was never in Trujillo; or that he mistook for that city one of its suburbs inhabited by the "Caribes." But still, in the latter case that assertion would be equally gratuitous, as the "Caribes" are people who, if they live in small houses of an architecture which might be considered primitive, still succeed in making these poor dwellings veritable examples of cleanliness.

We have not in Honduras luxurious and splendid palaces, such as are in profusion in this, the *Empire City.* We certainly have nothing in the least like them, nor would reason justify any one in expecting it. But if the distinguished traveler had really been in Trujillo, enjoying good moral and physical health, and in a condition to make complete use of his senses, he would have been able to discover that there are many houses relatively beautiful, clean and well appointed, which, even in the United States, would not be remarkable as wanting in comfort and decency.

But what caps the climax is the attempt to compromise the honor of well-known individuals, contained in the statement made by the writer of the article, with respect to the custom-house officials in Trujillo. These are two gentlemen whom I know sufficiently well to be able to say with certainty that they are honorable and temperate, that it is not their custom to drink gin or other liquors, and still less to gamble away their own or anybody else's money.

These two gentlemen are, and can be, no others than the officials whom the freight clerk of the ship, in which our traveler arrived, was obliged to visit. They are the same for the simple reason that they have never been changed, that they alone hold the keys of the Custom House, and that to them only is entrusted the receipt of the money. They never close the office in the daytime during business hours, nor frequent public drinking shops. He will easily understand this who knows that in Trujillo respectable persons, even when possessed by a taste for drink and play, do not satisfy their desires in such places, where only those members of the lower classes collect, with whom, in spite of our democratic equality, they are not sufficiently unprejudiced to be in the habit of associating.

And now it occurs to me to ask a question. How did this ingenious writer of articles manage to prove that the officials of the Custom House, (supposing him to have met them drinking and gambling in a tavern), were playing with precisely the same money which they had received from the last vessel?

Does he perhaps wish it to be understood that they carried their indifference to the extent of explaining the fact, notwithstanding that they met him then for the first time.

Or did he divine it by the system of spiritualism so much in vogue is this country of cold rationalism, of positivism and of prudence; or by means of the witchcraft which is still in such high favor in this land, where we find also police dragooned Sundays, Mormons, and negro helots.

It is known, moreover, even to this reporting traveler, though he seems to ignore it, that American vessels devoted to the fruit trade on the coast of Honduras, and especially those from the house of Oteri of New Orleans, in one of which he seems to have made his fantastic voyage, are not obliged to pay a single cent for port dues because in return they carry our mail, and because we are animated by a great desire to foster and protect, by all the means in our power, trade with this great nation. All this makes the story, in which the freight-clerk of the ship had to deliver at the Custom-house the bag of money, which served as an introduction to, and a motive for the rest of the history, both doubtful and unacceptable.

The Custom officers were not allowed to receive any money upon ~~any~~ ship, and even if this ship, on account of its outfit especial, carried goods subject to duty, this being its first presentation to the Custom-house, and the goods not having been brought ashore to be examined and given their respective permits, the freight-clerk commenced badly in anticipating the payment of a sum whose amount had not yet been determined.

It is said, too, that such ships have their consignee in Trujillo, who arranges all the financial affairs, or engagements with the Custom-house.

Would it be possible that this sack of money was destined to bribe the employés, and on that account its immediate delivery was important?

This is repugnant, if only because it was thought of men known as I know the employés alluded to and their tried integrity.

In addition: Gambling is severely prohibited in Honduras, and the authorities pursue it with inflexibility. It is not then in any way credible, above all to any one who is acquainted with the severe morality of the actual President and of our Secretary of the Treasury that the first officials of the Custom-house, would be guilty, in a disreputable tavern. of what would, of a surety, put in evident danger their continuance in the offices they hold.

The story of the drinking shop is, then, without doubt, false and of malicious invention.

And neither is the statement true which he makes in his remarks on the sale of liquors, that there are shops in which gin alone is sold; for this is, on the contrary, the liquor which is least consumed. And what he observes with respect to the introduction of foreign liquors is, through ignorance of the origin of our financial system, equally false and absurd.

As for the rest, the Government has not, in all Honduras, a single distillery.

I repeat, then, that the article to which I am referring has been in all probability, a humble effort at a scientific novel, inspired, perhaps, by the perusal of one of the interesting literary productions of that amusing and profound French writer, Mr. Jules Verne.

This work may, then, be of the same class with those they call "The Mysterious Isle" and "Voyage to the Moon," in which case, although at present he does not give many signs of attaining pre-eminent fame, the novel writer may, possibly, if he continue working without becoming disheartened, and if Heaven be disposed to grant him a life as long as that of the biblical Methuselah, at last arrive at the object of his ambition.

And why not? Patience is one of the attributes of genius; the will is a marvellous reaching power; faith moves and transports mountains; persevering work secures success, real miracles; the bumps of the human *cerebrum* may be enlarged with time and meditation, and the doors of Blackwell's Island may comply with the evangelical precept to open and give admission to him who calls.

May be, then, the Trujillo of our traveler is a place dreamt
of in the land of the selenites, or in the altitudes and unexplored regions of the south wind, which is on the whole more
convenient, and more easy for him to imagine, than to ex-
pose himself to the risk of stumbling unexpectedly on a bogle
or of being eaten up by his own hungry ambition to shine.

But if I have luckily hit upon the truth, this clever author
should have been more ingenuous, and should have let it be
known sooner, so that the readers of the N. Y. *Times* might
understand what to believe, and so that no one might imagine he had referred to the Trujillo of our prosaic planet, of
our northern hemisphere and of our own continent, the spot
where the sublime Genoese madman first put his foot, and
which is found to be at about 15° 55′ north latitude, and
about 86° longitude west from the Paris meridian.

In another way his wonderful work already transcends the
moral limits of the novel, and has to seek its inspiration and
its sources, not according to the same standards of intelligence, but in the frenzies of a disordered imagination, or in
the sombre and mysterious recesses of a diseased heart.

It is also stated in the article which I am refuting that the
boys of Trujillo speak a dialect composed of English and
Spanish words, picked up while they were playing in the
street. He says this (although in all probability he does not
know Spanish, as indeed he may not even know his own language), and it confirms me in the idea that he has only
wished, by a freak of the imagination, to direct the readers
of the New York *Times*, or that, as I suggested before, he
mistook one of the Caribe villages for the city of Trujillo. The
latter case is possible, because in those villages, on account
of the frequent communication with the negroes of the Brit-
ish colony of Belize, they speak as much English as Spanish,
or perhaps even more.

There is one thing more of which I have not spoken, and
which proves, like the rest, the poverty of the author's in-
ventive faculties.

I refer to the extraordinary announcement that in Trujillo
it is necessary to employ at least one hundred servants in
each house or family, as it is the custom to have a separate
one to do each insignificant service. Thus, for example, he
who makes the bed does not dust the furniture; and it takes
one to wash the china, another to arrange the table, and a
third to place the chairs, while there are totally distinct servants to take care of each dish in each of the different
courses of a dinner. He adds that when one of the members of this happy family has completed his especial task
there is no further interference with him, as the rest of his
time is his own and he takes a vacation.

Does it not appear to the reader that those unfortunate and perverse Trujillians would require to be very rich and prodigal to maintain such a veritable army of idlers, the feeding alone of whom would be enough to ruin a nabob.

Behold, then, the secret re son of the scantiness of food in Trujillo, where the subtile traveler, according to his own account, was in danger of dying of hunger, no doubt on account of his inability to secure one of those enviable and enchanting situations of domestic servant.

The supine inactivity, which this writer thinks characteristic of the Trujillians, and the exaggerated poverty which in consequence he attributes to them, shall now, in their turn, receive a short notice.

I do not pretend to deny, but rather confess, with entire frankness, what I am the first to deplore, that the vast majority of our people, like all the sons of the tropics, are in general luxurious, indolent and idle, which fact becomes much more apparent when they are compared with the active and indefatigable North Americans. But from this to what this hairbrained traveler asserts as a fact there is a wide distance, as I am about to show, giving a succinct account of the effective action and the state of business in that locality, the small population of which should not be lost sight of.

It will be at once assumed that they at least work so as produce enough to feed, badly or well, the fixed and floating population, including, of course, those peevish and slanderous travelers who knowingly buy *stolen fowl*, and those hundreds of idle, happy servants who, according to the narrative of this article-writer, are in the service of the families.

After this the following should be known, of which this traveler can take note for future verification, if he should again visit that country and enjoy better health.

A sufficiently active commerce exists between Trujillo and the Island of Cuba, at which place arrive every year forty thousand head of cattle, in the transport of which several lines of steamers are engaged.

There is also a regular line of navigation between Trujillo and some of the ports of France and England, and this has been supported for some time with reciprocal advantage to the directors and to our European commerce.

In addition, we enjoy considerable commercial relations with the English colony of Belize, and also domestic traffic between our port and, on the same coast, others of the Republic, of the Bay Islands, and of Guatemala and Nicaragua.

Besides, many schooners and a dozen or so steamers trade between New Orleans and the same coast of Honduras and its adjacent islands, the great part of which is dispatched to Trujillo, where all their business is done.

We have a regular and direct line from our port to New York, to which the American brig "The Carib" has belonged for some time.

Other ships, both steamers and sailing vessels, passing from ports of the United States and of Europe, frequently make voyages to Trujillo, although without the regularity of those lines previously mentioned.

We have several commercial houses of considerable size and importance, amongst which are the Hondureño house of Messrs. Prospero Castillo, José Julia & Co., and the English house of Binney, Melhado & Co. These would not have their paper dishonored in any city of the United States.

In the immediate vicinity of Trujillo, sustained and encouraged for the greater part by Trujillian capitalists, many and relatively large plantations exist of cocoanut trees, bananas, and other agricultural products of the tropics, capable of giving food to the numerous vessels which, as I have said already, trade regularly between our old port and the metropolis of the Gulf of Mexico. This does not include the spontaneous products of our soil, which reward the slightest labor, and which represent not a little wealth. Some of these are gold dust, sarsaparilla, gum elastic, prickly pear, coco, vanilla, tobacco, fibres, dye wood—and others, which we send in greater or less quantities to the European and American markets.

And apropos of tobacco, the mention of which I was neglecting while attending to things of minor importance, I will say that the estimates and ill will of this writer are, on all points, inconsiderate and unjust, unless the supposed Scotchman may have played him a humorous trick, making him smoke the withered leaves of the plant wild and unprepared, or else a Virginia cigar. Otherwise, except in the case of his having the organ of taste ulcerated, he would have recognized that we have this product identical in quality with the best gathered in Cuba, and incomparably superior to the choicest of the United States.

The famous leaf of Copan, in the cultivation and perfection of which many expert West Indians are occupied, passes in many places for Cuban cured, and is exported in great quantities, with credit and profit, and has become already one of the most considerable sources of our national wealth.

We have, too, cuttings of Mahogany and other precious woods destined for exportation, where hundreds of operators are engaged, and the transport of which to Europe (our principal market through want of attraction and liberal stimulus in the United States) occupies several large steamers and sailing vessels.

A great quantity of the hides of large and small cattle, wild and from the pen, mainly disposed of in the markets of the United States, contributes largely to the increase of our export trade.

On the subject of the coffee, indigo, cochineal and other Hondureño productions of relative importance, I will say nothing in particular here, except that scarcely any of them are cultivated for domestic consumption, and that the produce of the interior of the Republic has a means of exit on the Pacific coast, through which the silver in a rough state is carried.

A great sugar cane plantation is actually being formed in the suburbs of Trujillo. For the cultivation of this plant our ground has no rival, and possesses a decided advantage over the best of Louisiana and Florida, as in Honduras a plantation even moderately well taken care of, may last a century, in good producing condition, without requiring fresh seed.

There are, moreover, several pasture grounds for breeding cattle, and fattening those destined for Cuba. These taken together measure more than half a million acres of cultivated land, and permanently maintain an immense number of workmen, and represent a value which comes up to some hundreds of thousands of dollars.

Finally, there exist, as might naturally be supposed, on a larger or smaller scale, such other industrial enterprises as are indispensable to the life of every even moderately civilized people.

Well then! Does my Trujillo in any way resemble the fabulous Trujillo of the novelistic article-writer of the New York *Times*.

It is there palpable and well known at no more than three days' distance from the Mississippi; not certainly at all a mystery to those Americans who can see even a little in advance of their noses.

And as I have said before, Trujillo, in spite of all is not, nor does it pretend to be, the first or the second or the third or the fifth city of the modest Republic of Honduras.

It would be easy for me to avail myself of this opportunity to give an extended notice of this Central American state, to which I have only been able to make short and incomplete references, merely such, in fact, as I have considered indispensable for the object of this refutation.

I might, certainly, say much in relation to the natural riches that lie on the bosoms of that virgin, fruitful and unexplored country, whose prolific germs are calling for a more active concurrence of capital and labor to convert them into positive elements of incalculable prosperity and well being.

There are few, very few countries in the world, which can offer superior advantages and recompenses to the efforts of labor, honor and intelligence.

Its innumerable and inexhaustible mineral treasures alone would be sufficient to fill a large place in such a notice. I will therefore, observe that there is no river or small stream which may not run through an auriferous bed, and hardly a handsbreadth of the land, which may not contain more or less deposit of precious metals.

With few implements, small capital, incipient industry and routine (for the engines and economical contrivances of American and European invention have not yet reached us) our success in the mining branch is already relatively considerable, and remunerates with generosity our budding spirit of enterprise.

Alluding to agriculture, which is beyond all dispute the most solid element in the prosperity of modern nations, I have said that we possess a large territory which easily produces the most highly valued fruit of the temperate zone, and which is remarkable for the facility, that it displays in producing the plants indegenous to the torrid zone. As I must not now dilate further on this subject, I think it useful to say that the greater part of our fertile lands remains still uncultivated, and unsettled, and that our Government and our laws give, gratuitously to the first occupant, whatever may be his nationality or his origin, the perfect proprietorship of all the land which he succeeds in cultivating.

Such circumstances merit a minute and complete relation, which I would with much pleasure give here, were it not that I fear I may have already extended this letter too much.

I will give such information, however, patiently and disinterestedly to any one, who desires to hear it and will take the trouble to call at my office.

Who can doubt that a distinguished place will belong to Honduras in the future lofty destinies of our grand and beautiful America!

I will take the liberty of observing, in conclusion, that to write a novel worthy of being read, it is necessary amongst other things, to have a good imagination, acquaintance with art, ability to develop, elevation of mind, aesthetic taste, and particular grace of expression. And to travel with true profit, and obtain the power of giving a clever and just idea of a people, it is necessary to provide a good supply of sincerity, observant character, analytical spirit, correct and impartial judgment, and a little also of those *bagatelles* which are denominated *history, geography* and *statistics.*

CORRESPONDENCIA,

DIRIGIDA A EL "NEW YORK TIMES," EN REFUTACIÓN DE

UN CUENTO MAL URDIDO Y PEOR CONTADO.

———

Por una verdadera casualidad, ha llegado á mis manos el nº 10274 del "New York Times", trascurridos ya muchos días después de su data, y en él he visto un artículo, bajo el rubro de "*A Race of Lazy People*", en que se procura denigrar al pueblo de Trujillo de la República de Honduras y aun á la misma República en general.

Cualquiera persona que conozca dicho país, pudiera muy bien dudar de que el articulista haya estado en Trujillo, y hasta suponer que sólo ha querido regalar á los lectores del "New York Times" un ensayo de novela original, estimulado tal vez por la lectura de alguna producción del género de las de Jules Verne, y cuyo lugar de escena buscó á la postre, indiferentemente, en un diccionario de geografía.

Si resultara que la anterior hipótesis no está fuera de lo cierto, quedaríame únicamente el derecho de protestar contra la inoportunidad de tal elección, teniendo, así mismo, la pena de no poder augurar un éxito muy feliz á la vocación literaria de un autor tan infecundo é iliterato, pues á primera vista se descubre que no vino al mundo para hacerse admirar por la alteza de su ingenio, ni por la limpidez y donosura de su estilo, en la tierra de Fenimore Cooper y de Edgar Poe.

De todos modos, yo, animado por un sentimiento de justicia y por el no menos natural de patriotismo celoso, vengo á hacer algunas rectificaciones, que convienen igualmente al interés de la verdad, al crédito de mi patria, la República de Honduras, y al buen nombre del respetable diario en que se publicó el artículo á que aludo.

Espero, pues, que el "New York Times" se dignará conceder un lugar à esta correspondencia en sus ilustradas co
lumnas, ya que en las mismas apareció el escrito citado que
la motiva, y que, en rigor de caballerosidad y de justicia, es
debida tal satisfacción á un pueblo con tanto ahinco y sin
razón vilipendiado.

Y siendo así que confío en la imparcialidad y benevolen-
cia que son propias de la dirección de tan importante diario, voy desde luego á concretar el asunto.

Comienza el articulista su famoso trabajo, llamando á
Trujillo "Metrópoli de Honduras", diciendo que es la ciudad
más grande y el puerto más importante de la República, y
asegurando que por allí se verifica la mayor parte de las
operaciones mercantiles de todo el país.

En seguida, expresa que la tal Metrópoli cuenta apenas
unos cuatro mil habitantes, según el dicho general de los
mismos, y que aun esto es para él muy dudoso; y agrega que
no habría una operacion más fácil que contarlos, puesto que
toda la gente se halla siempre en sus casas, las mujeres en
el interior, los hombres sentados fuera de la puerta y los niños retozando en la calle à la sombra de los cocoteros.

Dice que el comercio del lugar está todo en las manos de
unos cuantos americanos y escoceses, y que la agricultura se
reduce á unas pocas y mezquinas huertas de platanos, de
cuyo fruto se mantiene exclusivamente toda la poblacion, y
de algunas diminutas plantaciones de piñas y naranjales.

Dice, también, que las casas de la ciudad son unos hoyos
ò cuevas estrechas, llenas de suciedad y de pulgas, y que es
una verdadera dificultad para el viajero encontrar alojamiento, despues de lo cual tropieza todavía con otra mayor y más
grave, como es la de no hallar que comer y exponerse á todos
los rigores del hambre.

Tratando de hacer una descripcion de la plaza, que coloca
en lo que él llama la parte nueva y más habitable de la ciudad,
dice que los edificios que la rodean pertenecen á los españoles avecindados en el lugar.

Aludiendo á la instrucción pública, refiere que se encuentra en el estado de mayor descuido y abandono, y que aunque los residentes americanos han establecido algunas escuelas, estas se hallan en bien triste situación, por falta de
patrocinio y de concurrencia de alumnos.

Cuenta que hay una guarnición militar, compuesta de
veinte soldados y de mayor número de oficiales: que los primeros son torpes, indolentes y desmañados: que cuando se
les enseña el ejercicio, y esto sucede todos los dias, gastan
una hora para terciar el fusil ó ejecutar otro sencillo movimiento, después de lo cual se quedan dormidos en pié: que
su ocupación única ó principal, es la custodia de los reos
condenados á presidio: que en tiempo de paz no duermen en

el fuerte, sino que se retiran á pasar la noche bajo los árboles de la ribera del mar: que usan al capricho diferentes y abigarrados uniformes; y que, cuando él saltó á tierra en Trujillo, se le presentó un soldado que le rindió su arma, el cual estaba vestido con pantalones rojos de artillería, botas de infantería y sombrero de caballería.

Antes ha dicho que lo primero que se descubre de la ciudad, vista desde el mar, es una gran pared ó murallón de que la rodeó el conquistador Hernán Cortez.

Cuenta, así mismo, que los presidiarios no son alimentados por el Estado. sino que, después de las horas de trabajo, son conducidos de puerta en puerta á las casas de los vecinos, para mendigar el sustento en nombre de la caridad.

Refiere que el famoso aventurero William Walker llegó á Trujillo pretendiendo establecer la esclavitud en el país, y que fué aprehendido y fusilado, siendo este el único evento extraordinario que ha tenido lugar en la ciudad desde su independencia de España. lo que hace que todos los habitantes vivan ansiosos por relatarlo á cuantos extranjeros se presentan.

Habla de una cierta clase de la población, conocida con el nombre de "Caribes", y dice, entre otras cosas, que los hombres tienen el hábito de azotar diariamente á sus mujeres, aun sin tomarse la molestia de explicarles el motivo de tal procedimiento.

Asegura que, para hacer en Trujillo el amor, no hay más que dirigirse á una muchacha de catorce años, llevandole un regalo, y que esto es suficiente para que ella se resuelva á vivir con el que la desea, á reserva de cambiarlo luego por otro amante que sea más buen mozo ó más liberal en sus obsequios.

Dice que, cuando el vapor en que iba dejó caer sus anclas en la rada de Trujillo, el capitán se apresuró á indicar, por medio de señales, que tenia á bordo efectos pertenecientes al comercio: que los comerciantes no se movieron de sus asientos, colocados en la parte exterior de sus tiendas, donde se deleitaban fumando en una gran pipa que representaba á Washington cruzando el Delaware. ni dieron providencias para el desembarque de su carga respectiva, sin embargo de ser esa la ocasión única en que aquellos marmotas dan señales de no haber perdido la facultad del movimiento; y que el referido capitán se cansó de llamar en vano á las gentes de la playa, para que fueran con lanchas á verificar la descarga, á cuyo efecto gritaba desaforadamente, expresándose en inglés, italiano y español.

Agrega que el contador del buque dispuso ir á tierra, según parece. antes de recibir ninguna visita, y que lo tomó á él en su bote: que habia á la sazon mucha mar, por lo cual no se pudo aquel mismo dia llevar el cargamiento á tierra, y que fueron conducidos á la playa por una grande ola, sin respirar y con la rapidez de una flecha: que allí encontraron á dos americanos que tienèn la mala suerte de vivir en el país, quienes le dieron en el acto muchos informes, inclusive el que se refería á la fusilación de Walker: que, en seguida, lo primero que tuvieron que hacer fué dirigirse á la Aduana, la cual está situada en la parte nueva de la ciudad y como á una milla distante del mar: que hallaron cerradas las oficinas, siendo apenas despues del medio dia, y que les fué preciso buscar inmediatamente á los primeros oficiales, lo que por dicha no resultó difícil, pues los hallaron muy cerca de allí, en una cantina pública de ginebra, teniendo una botella al lado y haciendo repetidas libaciones, en cuya honesta faena continuaron todavía largo tiempo, entreteniéndolos á ellos y mostrandose muy recocijados con la vista de un saco de dinero que el contador les llevaba.

Concluye, en fin, la anterior especie, diciendo que aquellos beatíficos administradores de caudales públicos, habian estado entretenidos, además, en jugar el dinero que habian recibido del último vapor.

Hace aquí, como de paso, pero con toda seriedad, algunas observaciones de carácter económico sobre el ramo fiscal de licores en Honduras, asegurando que en Trujillo casi solo se expende ginebra, apesar de estar prohibida su introducción y de que el Gobierno de la República manifiesta no consentir la venta de otros licores que los que salen de sus propias fábricas de destilación.

Y expresa, por último, tratando de ampliar todavía sus ideas acerca del comercio: que en aquellos establecimientos reina la mayor quietud: que están servidos por un exagerado número de dependientes, los cuales ganan veinticinco pesos á la semana por vivir de holgazanes, leyendo novelitas ligeras y durmiendo ordinariamente las siestas ; y que éstos, á los dos ó tres años de haberse acomodado, regresan á su viejo país, un poco ricos en dinero y millonarios en calenturas.

Tales son las principales afirmaciones del articulista, empeñado en demostrar la pequeñez de Trujillo y la extraordinaria pobreza de sus moradores ; y como por un acto de piedad, ó para colocar una lucesita en medio de tantas sombras como tiene su cuadro, reconoce que el puerto es grande, profundo y bien defendido, y añade que los extranjeros residentes le auguran un porvenir mejor.

También nos hace la gracia de decir que tenemos unos caballos que, aunque pequeños, son fuertes y corredores ; y echa, así mismo, un trozo de prosa poética, hablando de como se balancean, impulsados por la brisa, los árboles del bosque.

¡*Puerto, caballos, árboles y brisa!* Hé aquí lo único que halló alguna merced en el ánimo destemplado de nuestro curioso articulista.

Empero; tiene todavía otro rasgo de buen humor. Dice que los soñolientos y perezosos trujillanos comienzan á sacudir su profundo letargo, movidos por la idea de establecer obras de agua en la ciudad; aunque muy pronto nos quita la ilusión, vaticinando que tales obras se van á quedar en proyecto, pues con todo y ser muy fáciles y de pequeño coste, piensa tendrán que escollar en la dificultad de conseguir obreros, á menos que el Gobierno destine para el trabajo á todos los reos del país.

Parece increible que un viajero americano, de este pueblo tan cosmopolita y tan sensato, como sobrio y justo en sus apreciaciones; parece verdaderamente increible que profiera un cúmulo tal de destempla los desatinos, por medio de la prensa y en un diario tan importante y tan leido como el "New-York Times," sin hacerse cargo de que podria haber alguien que se presentara á comprobar el ridículo y falsedad de sus afirmaciones

Es, además, bien poco generoso, por no decir otra cosa, el descargar el peso de la intemperante diatriba contra un pueblo joven, modesto y alejado, que guarda en su seno tantas y tantas riquezas naturales, con cuyo goce convida á todos los extranjeros en igual medida que á sus propios hijos, y que tan alto raya en la práctica de muchas y muy eminentes virtudes, entre las cuales figura, como en muy pocos lugares del planeta, la noble y santa virtud de la hospitalidad.

Nada se le ocurrió decir, al famoso viajero, en favor de Trujillo ni de Honduras, siquiera para mostrar alguna apariencia de rectitud en sus juicios, al par que para no dar al traste con su crédito de buen observador.

Nada se le ocurrió decir sobre la eterna primavera que en nuestras regiones se ostenta, sobre nuestros rios navegables, sobre nuestros lagos encantados, sobre nuestras praderas siempre verdes, sobre nuestras ricas minas de piedras y de metales preciosos, sobre nuestra fauna y nuestra flora gigantéa.

Nada sobre la prodigiosa fecundidad de nuestro suelo virgen, donde se producen, casi espontáneamente, los más estimados frutos de todas las zonas.

Nada sobre nuestra naturaleza próbida y riente, sobre nuestro hermoso cielo, sobre nuestras noches diáfanas, sobre nuestras auras perfumadas, sobre la benignidad de nuestro clima interior, donde son igualmente desconocidos el calor sofocante de los veranos del Norte y el frio intenso de sus inviernos desapacibles.

Nada se le ocurrió acerca de nuestras avanzadas y liberales instituciones, en las que se consagra la más absoluta libertad del pensamiento y de la conciencia, la separación de la Iglesia y el Estado, el sufragio universal, la autonomía del Municipio, el *Hábeas Córpus*, la abolición casi absoluta de la pena de muerte, la justicia gratuita, el matrimonio civil, los más amplios derechos y garantías para los extranjeros, y otras no menos altas y fecundas, que colocan á nuestra pequeña República en el rol de los pueblos civilizados, haciéndola digna de la estimación y del respeto de las gentes.

Nada sobre la liberalidad con que el Gobierno da acogida y protección á todas las empresas industriales y profesiones científicas, y del favor especial y de la simpatía que hallan siempre entre nuestro pueblo los empresarios americanos.

Nada sobre nuestro ferro-carril, telégrafos, carreteras en construcción, hospitales de caridad, colegios y universidades.

Nada sobre nuestra legislación, sobre nuestro foro, nuestra prensa y nuestro sistema postal.

Nada acerca de la igualdad racional y efectiva de todos los hombres, sin distinción de gerarquias ni de razas, y sobre el hecho singular y notorio, envidiable ciertamente para los norte-americanos, de haber comenzado nuestra vida de nación independiente y soberana, suprimiendo de facto y sin violencias la infanda esclavitud en nuestro suelo.

Nada con relación á nuestras hermosas, honestas y espirituales mujeres, tan candorosas y amantes, como tiernas y resignadas, guardadoras fidelísimas del honor de sus maridos, verdaderos ángeles del hogar, sacerdotisas idóneas y fervientes en el sagrado culto de la familia.

Nada sobre la franqueza, valor y cortesanía, que son, como el oro, indígenas en aquella tierra: sobre la índole generosa, honrada, expansiva y leal de los nativos; y sobre el hecho, verdaderamente notable y sin ejemplo conocido en otros lugares, de la completa seguridad con que se viaja en todo el país, portándose valores considerables en metálico, sin temor de rufianes y ladrones.

Nada, en fin, sobre tantas y tantas otras cosas que hay en Honduras, más ó menos apreciables y buenas, y que llamarian la atención del viajero menos observador, como se la han llamado ya á otros americanos que han escrito sobre mi patria las más donosas y justicieras páginas.

Y á fé que no serviria de justificación á nuestro viajero escritor, el decir, ahora, que solamente llevó en mira referirse á una localidad determinada; porque ni supo conocerla, ni fué justo en apreciarla, ni á ella sola se refirió, toda vez que hizo juicios de manifiesto valor comparativo, como se ve de la neta proposición en que afirmó que Trujillo es la metrópoli de Honduras.

Lo que verdaderamente le serviria de disculpa, seria el acogerse á la inmutable ley de la naturaleza, en virtud de la cual las peras no brotan en los olmos; pero, aun en este caso, muy bien pudo él no haberse metido en camisa de once varas.

¿Será que nuestro ilustre viajero halló en Trujillo alguna contrariedad ocasional, ó que tuvo algún serio y rudo desencanto, sobre esperanzas lisonjeras que fundó, tal vez, en una pretensión insensata?

¿Creyó, por ventura, al dirigirse á aquella tierra, que iba á encóntrar nuestras modestas ciudades empedradas con pepitas de oro, y los árboles del bosque viniéndose al suelo con el peso de los steaks y de los pavos trufados?

Cuéstame trabajo, y trabajo ímprobo é inútil, el querer descifrar este arcano, en el cual hay, probablemente, algún resorte moral de que nadie tendria derecho para envanecerse.

Pero, como quiera que sea, voy á intentar aquí una sencilla cuanto verídica rectificación, invocando el testimonio autorizado de todos los americanos juiciosos y severos que han visitado la República de Honduras.

Prolijo y dilatado seria, por demás, el tener que referirme aquí, en detal y con método preciso, á todas y cada una de las noticias que consignó en su escrito el viajero articulista á quien aludo: noticias erradas y sin importancia, en su mayor parte, adquiridas, quizás, cuando aun se hallaba dominado por el mareo, y escritas, acaso, bajo el influjo de otra situacion ó enfermedad muy parecida, aunque de carácter facticio.

¡Desgraciada la historia que con tales elementos se escribiese; é igualmente infortunado seria el "New York Times," si no tuviera mejores reporters!

Voy, pues, á entrar de lleno en el campo de las rectificaciones, concretándome, particularmente, á lo que juzgue de mayor entidad.

Debo decir, en primer lugar, que Trujillo, bajo cualquier punto de vista que se le considere, no es ni pretende ser la metrópoli de Honduras, como con tanta ligereza asegura el articulista.

No es ni la ciudad más grande, ni la más rica, ni la más comercial, ni la más civilizada, ni el puerto de mejores condiciones marítimas, ni la via por donde verifica sus principales importaciones y exportaciones el comercio de la República.

Como puerto de mar, por sus condiciones naturales, por su proximidad á los más grandes centros productores y consumidores, por su mayor movimiento y por la facilidad de los trasportes, el puerto de Apala, en el seguro y pintoresco golfo de Fonseca, es, sin disputa, el primero y el mejor de la República.

Como ciudad populosa, como plaza comercial, como asiento de la industria, como seno de la riqueza acumulada, como lugar recreativo y de belleza material, como centro de cultura y civilización; bajo todos conceptos, tenemos á Tegucigalpa, la capital de la República, que guarda, respecto de Trujillo, la misma proporción que la ciudad de New York comparada con las de Long Island y Hoboken; y tenemos, todavia, á lo menos una docena de ciudades, en cuyo primer término figuran Juticalpa, Comayagua, Santa Rosa, Yuscarán, Danlí, San Pedro y otras más, que bajo muchos puntos de vista le llevan la delantera.

La población de Trujillo es, numéricamente, la misma que el articulista refiere, y lástima da que, siendo tan fácil, como él cree, no se halla tomado la molestia de contar los habitantes, para desvanecer completamente sus dudas.

Sobre que siempre se hallan los moradores en sus casas, las mujeres en el interior, los niños jugando en la calle á la sombra de los cocoteros, los hombres, por lo general, sentados á la puerta y los comerciantes fumando en una pipa que representa á Washington cruzando el Delaware, es un disparate mayúsculo el decirlo, pues ni se concibe la existencia inmóvil de tales hombres, particularmente en estos nuestros dias de calamidad y descreimiento, cuando ya la fé no es una sustancia muy digerible, ni se convierte en quilo para nutrir nuestra sangre falsificada, ni el maná y las frituras de codornices caen en el campo, y cuando Dios, cansado de su oficio de repostero, no ayuda ya gran cosa á aquel que no se ayuda con actividad á sí mismo. ¿Hay, por acaso, en esto, una figura de retórica? Pase, pues, por hipérbole ó por metáfora; pero no hay figura que baste á explicar el hecho inverosímil de haber visto á los comerciantes fumando en una pipa común ó en pipas singularmente iguales. lo cual no especifica el viajero novelista; y ni á lo menos puede ser admisible su cuento, en la parte que se relaciona con los niños, toda vez que no hay un solo cocotero en las calles de la ciudad, á cuya sombra puedan estos verificar sus juegos infantiles.

Tampoco es verdad que el comercio de Trujillo se encuentre en manos de americanos y escoceses; y no solamente deja de ser cierto, sino que creo no existe un solo escocés ocupado del comercio, ni en grande ni en pequeña escala; y si existe, debe ser casi desconocido, como no sean algunos de los dependientes de la respetable y acaudalada casa de los señores Binney Melhado y Comp., cuyo principal y gerente es un digno caballero oriundo de Jamaica, poco menos que un hondureño nativo, casado ha muchos años en el país, donde ha hecho su posición y su fortuna y vivido los dos tercios de su vida.

Puedo decir, al mismo tiempo, que no existe más que una casa americana, y aun esta de segundo orden, si bien bastante acreditada, perteneciente á un honrado ciudadano de la gran República, llamado Mr. Geks.

La mayor parte de las principales casas de comercio, pertenecen á hondureños muy hondureños, que no tienen ni han tenido nunca parientes en Escocia ni en los Estados Unidos, como son los señores D. José Juliá y Caballero y D. Próspero Castillo; y despues de éstos y de los ya mencionados señores Binney Melhado y Comp., siguen, ocupando una escala muy considerable y considerada, algunos individuos originarios de Francia, de Italia y de la grande Antilla.

Por lo que hace al aserto de que la población de Trujillo se mantenga sólo con plátanos, aparte de que tal fruto constituye un alimento sacarino de los más agradables, nutritivos y sanos, muy superior á las papas y á los boniatos, según resulta del análisis químico y de la opinión 'de sabios naturalistas, y que la superabundancia con que la naturaleza los produce, lo mismo que la facilidad de su cultivo, hablan muy ventajosamente en favor de aquel país centro-americano:. aparte de esto, digo, necesario es reconocer que la afirmación del articulista carece en un todo de verdad, pues los trujillanos se nutren habitualmente con muy buen pan de trigo, cuya harina importan del vecino mercado de New Orleans.

No son sino las clases mas pobres las que alternan á menudo ese alimento con el plátano, de la especie que denominan "macho" y que saben preparar de diferentes maneras. También lo suplen con una pasta especial, llamada tortilla, que hacen de maiz, cociéndolo primero bajo la acción de una cierta cantidad de potasa ó de cloruro 'de cal, lo que sirve, al mismo tiempo, para facilitar después, con el lavado, el desprendimiento y separación de la película, y para hacer más plástica la parte vidriosa del grano. Y antes que todo y sobre todo, hacen uso de otro pan, denominado "casabe." igualmente saludable y sustancioso, que fabrican con la preciosa fécula de una raiz tuberculosa y de procedencia indígena, muy cultivada en nuestras costas y conocida vulgarmente con el nombre de "yuca"; producto estimabilísimo de una planta de forma arborescente, que pertenece á la familia de las "aráceas," y de la cual se extrae, así mismo, una sustancia albuminosa y azoada, muy parecida á lo que se conoce en el mercado con el nombre de almidón de Sagoo.

Es cierto que no tenemos en Trujillo grandes y magníficos hoteles, como en los Estados Unidos, capaces de ofrecer un alojamiento lujoso y confortable á los extranjeros acostumbrados á la vida del gran mundo; pero no sucede tampoco lo que el articulista asegura, pues tenemos uno que no es despreciable por la condición de su servicio, del cual es propietario un industrioso y honrado francés, llamado Mr. Lacasagne, y donde se puede hallar siempre un excelente trato y una mesa bastante bien provista para las exigencias del lugar.

Hay, además, varias casas, donde se acostumbra admitir pasajeros, capaces de proporcionar acomodo á un número mayor del que ordinariamente llega; siendo muy notable, por otra parte, la franca y generosa hospitalidad con que generalmente se recibe y atiende á cualquier huésped en las mansiones privadas.

Con respecto á la instrucción pública, es Trujillo, desgraciadamente, una de las ciudades hondureñas donde está menos desarrollada y atendida, sin que por eso pueda decirse que faltan en un todo planteles de educación, pues los hay de ambos sexos, costeados por el Municipio, obligatorios y gratuitos, en el centro y en los barrios de la ciudad; y es, á la verdad, una inexactitud sin medida, y sólo comparable con las demás afirmaciones del articulista, el hecho de que haya, ó que haya habido jamás, una sola escuela fundada ó sostenida por residentes americanos.

Lo que el viajero afirma de la guarnición militar de Trujillo, es también absolutamente falso, pues ni se compone de veinte soldados, ni tiene los oficiales en una cuarta parte de la proporción apuntada, ni es la que dice su principal ocupación, ni viste el variado uniforme que describe, ni duerme nunca fuera del cuartel, ni le rinde sus armas á otro que no sea el Presidente de la República, ni tiene una sola de las circunstancias irregulares con que se ha pretendido ridiculizarla.

La referida guarnición se compone de cincuenta soldados, con sus correspondientes cabos y sargentos y cinco ó seis oficiales, incluyendo en este número al Capitán de la Compañía y al Mayor de la plaza: viste de ordinario sencillamente y sin uniforme riguroso de ordenanza, como la mayor parte de nuestro ejército, exceptuándose los dias de ceremonia, que son aquellos en que se celebra alguna fiesta de carácter nacional: no hay tan siquiera un individuo solo, de la clase de soldados, que use botas, ni vistoso pantalón rojo, ni otro sombrero que el mismo que lleva comunmente cuando está fuera del servicio, con el único agregado de una cinta ó escarapela en que ostenta los colores de su cuerpo respectivo: salvo el evento de una comisión extraordinaria ó el caso de una pequeña guardia que hace su fatiga en el muelle, todos los militares duermen invariablemente en el cuartel, de donde no se les permite salir después de las nueve de la noche en tiempo de paz, sin que ocurra ni haya ocurrido una vez sola, ni aun por excepción, el hecho de que pernocten bajo los árboles de la ribera del mar; y es, por último, su ocupación constante, guardar la fortaleza, mantener el armamento y demás útiles de guerra en buen estado, ejercitarse en el manejo de las armas, custodiar á los reos de delitos graves, dar seguridad á los intereses fiscales, y estar á la disposición de las autoridades constituidas, para la vigilancia del contrabando y la conservación del orden público.

Todo esto lo sé yo, y lo sé indudablemente mejor que el noticiero articulista del "New York Times," porque soy hondureño, por que soy Coronel de ejército en aquella República, porque he tenido mando militar en la costa, porque resido en Trujillo, de cuya ciudad y distrito soy actualmente Alcalde, Jefe nato de su Honorable Corporación Municipal, y porque aun hace poco fuí Gobernador del Departamento de Colón, del cual es cabecera la propia ciudad.

Finalmente: la guarnición militar de Trujillo, como todas las otras de la República, sale por turno de la maza de nuestro ejército, el cual se compone de unos cincuenta mil hombres de todas armas y se distingue por cualidades enteramente contrarias á las que el articulista le atribuye.

Muchos extranjeros, observadores y entendidos, se han manifestado admirados de las condiciones y virtudes de nuestros soldados, especialmente cuando los han visto en campaña y han tenido ocasión de contemplar su inteligencia y su denuedo en las jornadas marciales.

El ilustre general Raöl, que estuvo mucho tiempo al servicio de Centro-América en la época memorable de nuestra Federación, y que más tarde, reinando el último de los Bonapartes, llegó á ocupar uno de los más altos puestos del ejército francés, publicó en París una interesante memoria, cuyos conceptos repitió todavía, con ocasión solemne, en una proclama dirigida á los cuerpos militares de su mando; y en uno y otro documento, expresó que no habia conocido soldados más listos, sufridos, infatigables y valientes, que los soldados centro-americanos, tocando á los hondureños el puesto de vanguardia.

Y yo digo más, sin que por eso se presuma que es mi intención desconocer ó rebajar en lo mas mínimo el mérito altísimo de los ejércitos que han servido en sus ocasiones al gigante del Nuevo Mundo. Yo digo, valiéndome del testimonio irrecusable de la historia, que los soldados americanos estuvieron más de una vez á punto de abandonar al glorioso padre Washington, en la guerra inmortal de su independencia, por falta de puntualidad en el pago de los sueldos; en tanto que los soldados hondureños, á quienes con frecuencia les ha faltado todo, todo, hasta la mezquina ración de pan de maiz, en años largos de desastrosas guerras, jamás de sus filas se ha levantado una voz para quejarse porque les ha faltado el salario; y se les ha visto, hambrientos y desnudos, marchar con entusiasmo á los combates y á la muerte.

—Hombres leales: poneos la mano sobre el corazón y comparad.

Pero dejemos este terreno y sigamos adelante.

No existe ni ha existido, fuera de la imaginación del fantástico viajero, esa pared ó murallón, de que asegura rodeó Hernán Cortés la ciudad de Trujillo; y la única muralla que realmente hay y que se divisa desde el mar, es la del pequeño fuerte ó batería de agua, que no ocupa ni ocupó jamás una extensión de doscientos metros.

Tampoco existe ninguna parte de la ciudad que pueda llamarse nueva; y antes bien acontece que es la más vieja, aquella central donde se encuentran los mejores edificios y los principales establecimientos del comercio, como lo testifican muy antiguas y respetables ruinas.

Y á este respecto, debe saber el articulista, que yo no niego el hecho afirmado por él, sobre que Trujillo no ha adelantado gran cosa desde hace muchos años; no lo niego, sino para decir que ha decaido algo, bajo diferentes puntos de vista, de la importancia que tenía en la primera mitad de esta centuria.

Lo mismo ha sucedido, generalmente, á los demás puertos de la costa Atlántica, no sólo de Honduras sino de Centro-América, desde que el Ferro-carril de Panamá y las lineas de vapores del Pacífico llevaron hacia allá las mas notables corrientes del comercio; siendo hasta hace muy poco, que ha comenzado la referida costa Atlantica, por medio de sus relaciones frecuentes con la Isla de Cuba y los Estados Unidos, á reivindicar su antigua y ventajosa situación comercial.

No es verdad que la plaza de Trujillo, donde está situada precisamente la Aduana, quede como una milla distante del mar, pues por su via regular mas larga, llamada por el articulista "calle del comercio," dista menos de quinientos metros, o sea como la tercera parte de una milla.

Y tocante á lo que dice el mismo escritor, sobre que en la plaza referida se encuentran las mansiones de los residentes españoles, aseguro que, no sólo deja de ser cierto, sino que no hay alli una casa siquiera perteneciente á un español.

Lo que motivó, sin' duda, la equivocación de nuestro viajero, fué el haber visto flamear, sobre una azotéa de la misma plaza, la bandera del Consulado de España; pero ni siquiera el Cónsul es súbdito de la nación á quien sirve, sino que es un caballero hondureño, de patria y nacimiento, qe desempeña su comisión ad honorem.

Ninguna importancia tiene en sí el hecho de esta rectificación, y solamente he querido consignarlo, para que se vea hasta donde alcanza, en algunos individuos, el talento de disparatar.

Hay en Trujillo una cierta clase de la población, á quien ya de paso he aludido, que se mantiene en barrios enteramente separados del resto de la ciudad, que llegó á nuestras costas hace como un siglo, procedente de la isla de San Vicente en el mar de las antillas, que conserva muchas de sus antiguas costumbres y, con pocas variaciones, la misma lengua que trajo de su primitivo suelo africano.

Dicha familia, que no otra cosa debe considerarse, está compuesta de negros de pura sangre, que se dan á sí propios el calificativo de "Morenos," manifestando poco agrado por el de "Caribes" con que generalmente son conocidos.

Está diseminada en pequeños grupos ó aldeas, en toda la costa del gran golfo de Honduras, comprendida entre Belize y las bocas del Rio Negro, lo cual mide una extensión aproximada de quinientas millas.

Todos son pescadores, habilísimos para la navegación, en lo cual se ejercitan desde muy niños, casi desde que pueden caminar.

Tienen generalmente una precisión barométrica para predecir el bueno y el mal tiempo, al grado de que, los mas expertos marinos que los han llegado á conocer, no se desdeñan en consultar su opinión acerca de esto, respetando siempre la autoridad de sus pronósticos.

Son muy sobrios, al par que muy fuertes, en el uso de las bebidas alcohólicas, y no es común ver á un caribe embriagado. Puede asegurarse que no hay entre ellos un ébrio de profesión.

Tienen inteligencia clara, su lengua se presta mucho á la verbosidad, es como una carretilla que rueda: gustan en sumo grado de la conversación, y cuando están reunidos hablan todas á un mismo tiempo, formando un barullo extraordinario que marea. Varias veces me he acordado de ellos, cuando me he encontrado por curiosidad en una bolsa mercantil de New York.

Hay una verdadera unión entre ellos, se ayudan mutuamente en sus labores, con especialidad en la construcción de sus casas, y tienen tal reserva con todo el que no es de su casta, que es muy difícil encontrarlos dispuestos á declarar lo que sepan sobre la comisión de una falta ó delito en que esté comprometido alguno de ellos.

Felizmente son honrados y humildes, al par que respetuosos á la autoridad, y no es sino muy de tarde en tarde que suele verse á un caribe criminal.

En esto no comprendo los delitos de contrabando, para lo cual tienen una vocación ingénita, haciéndolos muy idóneos, para el caso, la misma reserva y unión que los distingue y sus hábiles prácticas en el mar. Puede asegurarse que todo caribe es un contrabandista.

Son, así mismo, laboriosos, previsores y limpios : entre ellos nunca hay escasés de viveres, se alimentan siempre de pan de yuca y de pescado, viven sanos y robustos, se multiplican á maravilla y alcanzan generalmente una edad avansada.

Tienen empeño en conservar su raza sin mezcla, no se juntan con la demás gente del país, cuyas relaciones de meta sociedad evitan en lo posible, y hasta manifiestan algo así como tendencias refractarios al progreso.

Las mujeres son tímidas y recelosas, se niegan hasta á escuchar las amorosas pretensiones de todo hombre que no tenga la piel de ébano, gastan un traje especial que permite se dibujen sus formas, generalmente desarrolladas y voluptuosas, y aunque por lo común no son bonitas, tampoco afectan un tipo repugnante, no siendo raro hallar entre ellas algunas que pudieran servir de modelo de belleza á un artista.

Se observa, además, con frecuencia, el hecho de que las mujeres sean mas trabajadoras que los hombres ; y por lo general, comparten espontàneamente, y al igual con estos, el peso de todas sus labores.

Ellos, en cambio, no tienen la misma consideración para ellas, pues hasta ahora á lo menos, ninguno se ha creido obligado á tomar su mitad en los peligros ni en los dolores de un parto.

Hace pocos años que esta raza,—de la cual podria yo dar aqui todavía muchas y muy curiosas noticias, si no temiese alargarme demasiado,—vivia entregada á la poligamia y al culto fanático de una divinidad del mal, que era conocida ó invocada con el nombre de *Mafía*, sin tener ninguna representación ó imagen simbólica.

Los mas inteligentes y comunicativos de entre ellos, explicando algunas veces la razón fundamental de su culto, solian decir: que reconocian la existencia coetánea de dos divinidades supremas, la una del bien y la otra del mal: que la una era buena, por intrínseca é inevitable necesidad, sin poder dejar de serlo, hasta sin libertad para quererlo, y sin necesitar ni pedir en cambio el mezquino tributo de oblaciones y plegarias; pero que la otra era lo que indicaba su propio nombre, y tenia todas las cualidades contrarias.

Agregaban, así mismo, con mas ó menos precisión en los términos: que el gran Genio ó Dios del bien era sabio, poderoso, inmutable y desinteresado, al par que misericordioso, pródigo y sin vanidades ni rencores: que no hacia, ni podia hacer jamás otra cosa, que aquello que tenia ya para siempre ordenado por sí mismo, entendiendo que era bueno y se relacionaba con su naturaleza y su querer eterno: que no se complacia con los homenajes y los ruegos, ocasionados en el hecho à suponerlo débil, impresionable y levantisco, ni admitia que sus obras se cumplieran de modo alguno que no fuera la emanación espontánea de su divina esencia; en tanto que el Genio ó Dios del mal, enemigo de la armonía, celoso, iracundo, vengativo y cruel, se gozaba en producir el desorden y en contemplar el dolor, y que sólo aplacaba y contenia de vez en cuando el rayo de sus iras, que sólo daba tregua á los impulsos de su naturalza reductible, vanidosa y perversa, cuando era compensado en algún modo con holocaustos, preces, humillaciones y lágrimas.

Ese culto, que se practicaba regularmente en el misterio y á que solian mezclarse actos repugnantes ó estúpidos, inmoralidades y hasta sacrificios sangrientos, ha quedado suprimido ya en los últimos tiempos, lo mismo que la poligamía y su cortejo de iniquidades contra la mujer, merced á la influencia incontrastable de otras ideas, no menos que por por la acción enérgica de la autoridad y los trabajos pacientes y saludables de algunos misioneros evangélicos.

Yo bien sé que los anteriores datos no tienen ninguna afinidad con el objeto de estas rectificaciones, y si lo tienen, es tan indirecto y lejano, que no he debido creerme obligado á consignarlos; pero sé igualmente que, para muchos de mis benévolos lectores, pueden tener mayor interes, que el que de suyo ofrece una estéril polémica sobre los conceptos de un escrito insustancial y baladí.

Hecha esa salvedad, voy á seguir con la tarea que me he impuesto.

No seria remoto que el articulista de "El New York Times" hubiera podido presenciar ó tener noticia de un vapuléo, consumado por algún moreno en la persona de su negra mitad; pero esto mismo no alcanzaria á dar una idea típica de las costumbres de aquella gente, pues se ha ya civilizado mucho, su propio espíritu ha reaccionado notablemente en pró del respeto y consideraciones que son debidas á la mujer, muy apesar de sus tendencias refractarrias, y sin contar con que nunca tuvo tan cobardes y tan menguados hábitos.

Lo de los reos saliendo del trabajo para pedir una limosna con qué ocurrir á su necesario sustento, es de todo puento falso y de gratuita invención, tanto como injurioso para la tierra que defiendo; y estoy seguro de que no ha ocurrido nunca, ni por singular excepción, pues el Estado atiende siempre, absolutamente siempre, al sostenimiento de todos aquellos que no manifiestan querer y poder hacerlo de su propio peculio.

No tiene, así mismo, excusa alguna, como no sea el afán sediento de producir una novela extrambótica y original, lo que el dementado viajero dice sobre el medio usual de hacer el amor á las muchachas de Trujillo, pues es un hecho, que la civilización no nos ha alcanzado en Honduras hasta el punto de hacer que las mujeres conviertan sus favores en un artículo de comercio.

Nadie habia imaginado decir, hasta ahora, que la mujer de Honduras fuera interesada y liviana, y que con tanta facilidad se prestara á ser instrumento miserable de impuros deleites animales.

Nadie habia imaginado que se podia calumniar tan torpemente á la mujer de ninguna de las regiones de Centro-América, y mucho menos á la que que es honrada y modesta por excelencia, á la mujer hondureña, que guarda todavía, en gran manera, el tipo de las edades patriarcales, el candor inocente de la sencillez primitiva.

No, señor: apesar de los adores de nuestro cielo tropical: apesar de que los rayos de nuestro sol llegan á besarnos con amor tan intencionado, poniendo en fermentacion el rojo licor de nuestras arterias y el fluido magnético que circula por nuestros nervios: apesar de que allá la naturaleza ostenta un lujo tan prodigioso de encontradas energias, y que con sus delirios de transformación, y con sus auras tibias, y sus perfumes adormecedores, y su actividad concupiscente, y con sus mil y mil fuerzas trabajando en la savia de todos los oraganismos, convida á dejarse arrebatar por las ondas tumultuarias de la vida y á sumergirse en la embriaguez del amor universal; apesar de todo eso, que es propio ciertamente de nuestra zona tórrida y que ha debido imprimir un sello característico y profundo á nuestras rizas y sub-razas de aquella porción del suelo americano, es, con tod, un hecho bastante conocido y digno de meditación para el sociólogo, que nuestras mujeres se distinguen por el pudor, la temperancia y el recato, y que gustan siempre de mezclar á sus actos más vulgares un tinte de poesía é idealidad.

Es otro hecho, igualamente notorio, que la carencia de necesidades facticias, el amoroso cuidado con que la gran madre naturaleza nos ha colmado de regalos, el género de educación que se da y se recibe en la sociedad y en el hogar, el carácter imaginativo y soñador que es propio de los pueblos latinos, y un algo de peculiarmente generoso y altivo que distingue á nuestra familia indo-española, hacen que la mujer menos pudorosa ó más liviana de nuestra tierra, quiera siempre que se la enamore, que se la rinda, y hasta que se la engañe y se la obligue á conceder el don personal de sus gracias, en cambio de algunas demonstraciones más ó menos delicadas de simpatía espiritual; siendo ello tan cierto y remarcable en aquella tierra de Honduras, cuanto que, ordinariamente, la mujer de menos suposición moral, se considéraria insultada por el hombre que fuera á demandarle, á trueque sólo de algunas monedas y sin otro precedente, el favor de sus caricias femeniles.

Todo lo que dejo dicho es así, absoluteamente así; y el autor del escrito que impugno, ha cometido un error tanto más incalificable, cuanto que, en su fábula desairada, habló en general de las muchachas de Trujillo.

Sobre que el aventurero Walker fué fusilado cuando pretendia establecer la esclavitud en aquel pais, es simplemente una calumnia contra la memoria de aquel desgraciado, que cayó víctima de otro género de ambiciones y que no puede salir hoy de la tumba para defenderse; y con respecto al afán que manifiestan los trujillanos por contar á todos los extranjeros aquel triste y sangriento episodio, aunque nada tendria de particular, á ser cierto lo que refiere el articulista, cabe todavía decir, en honor de la verdad, que no existe tal cosa y que apenas hay quien ocasionalmente evoque el recuerdo de tal suceso.

¡Ojalá que el pueblo Trujillano, como presume el articulista, no tuviera recuerdos más extraordinarios en la memoria de su pasado!

Lo de que las casas de comercio tengan un exagerado número de dependientes, que ganan veinticinco pesos á la semana por vivir ocupados en leer novelitas ligeras y dormir los siestas, es un disparate de tomo y lomo, que no merece la pena de hacer una rectificación; bastándome, por lo tanto, asegurar que no hay uno solo, como no sean los tenedores de libros, que gane tan crecido salario, mucho menos, cuando es allá costumbre regular que los dependientes del comercio vivan y coman en las casas de sus principales.

Y por lo que hace á la nota de insalubridad que el articulista pretende adjudicar á la ciudad de Trujillo, pues no otra cosa veo en aquello de que los tales dependientes se vuelven á su vieja é innominada tierra, un poco ricos en dinero y millonarios en calenturas, tengo suficiente con aludir al informe de una comición de médicos de la Luisiana, en que se afirma, con una autoridad indiscutiblemente mayor que la del indocto viajero, que Trujillo es una población notablemente sana, donde hasta se da el caso de que jamás se ha propagado la fiebre amarilla, ni aun por efecto de la comunicación y del contagio.

Si el referido viajero hubiera tenido carácter observador y hubiera deseado conocer la verdad con relación al estado climatérico de Trujillo, habria adelantado mucho con dirigirse al empleado que tiene á su cargo el registro civil, para pedirle datos sobre el hecho común de la mortalidad; pero él ha demostrado que nada le importaba averiguar esas nimiedades, pues contaba con el recurso de su imaginación atolondrada.

Por lo que toca á esa animación insólita, que el noticioso viajero dice ha comenzado á desarrollarse en Trujillo con el proyecto de las obras de agua, le diré que es precisamente el autor de estas lineas el que ha concebido la idea y tomado á su cargo el empeño de realizarla, y que espera conducirla á feliz término dentro de muy poco tiempo, venciendo la supuesta dificultad de los obreros, que afortunadamente no existe, y sin necesidad de apelar al trabajo forzado de los presidiarios.

Para la obra antedicha, se cuenta con medios opropiados y suficientes, con la acción fecunda de voluntades determinadas, con la virtud incontrastable del *almighty dollar*, con el generoso entusiasmo de los trujillanos, y con la protección decidida y eficaz del actual Presidente de la República y de su progresista y laborioso Ministro de Fomento.

Y ya que se ha presentado la incidental oportunidad de hacer una ligera referencia al Gobierno hondureño, compuesto hoy de hombres probos á toda luz, y presidido por un Jefe animoso, liberal, inteligente y de honorabilidad sin tacha, cabe aludir aqui, siquiera de pasada, á la acción infatigable de aquel mismo Gobierno, empeñado al presente en la realización inmediata de obras innúmeras de progreso moral y material, á que tiene consagrada su fecunda iniciativa y la cuasi totalidad de las rentas nacionales.

Felizmente para nosotros, para el buen éxito de nuestras empresas, y para responder confiadamente á las necesidades de la situacion y á las exigencias racionales de un inmediato futuro, podemos gloriarnos de haber conseguido orillar los dispendios y malversaciones de la inmoralidad oficial, siendo en ello mucho más afortunados que esta República insigne, al mismo tiempo que una paz bienhechora y prolífica ha logrado establecer definitivamente sus reales en nuestra tierra.

Entre aquellas obras, que son en verdad numerosas y grandes, relativamente à los recursos del país, figuran en primera linea escuelas, penitenciarias, mercados públicos, empresas de agua, caminos carreteros, &. &.; lo cual menciono aquí, muy á la ligera, solamente para dar una idea más aproximada de la actual situación de Honduras, y para rebatir el cargo que de incurable indolencia se ha hecho tambièn á nuestro Gobierno, con respecto á las vias nacionales de comunicación.

Deberia ser más justo el articulista, relatando lo que hay por allá manifiestamente de bueno, al par que más hidalgo y más gentil, brindándonos algunas palabras de noble estímulo y generoso aliento.

¿Es, por acaso, tan'desgraciado, que sólo tenga ojos para ver en todas partes la sombra, y que únicamente se reconozca apto para denigrar?

Acerca de lo que el citado artículo expresa, sobre que las manciones particulares de Trujillo son miserables tugurios llenos de suciedad y de pulgas, no cabe hacer otra objeción que la misma que se desprende de todas sus destempladas y caprichosas afirmaciones, en las que dificilmente se encuentra una palabra de verdad.

No seria quizás desacertado el suponer que nuestro viajero no estuvo jamás en Trujillo, ó que tomó por la ciudad de ese nombre á alguno de sus barrios de caribes; anuque todavía en este último caso resultaria gratuita aquella aseveración, pues los caribes son gentes que, si bien moran en casas pequeñas y de una arquitectura que pudiera decirse primitiva, es un hecho que sus pobres residencias se hacen señalar por el aseo.

No tenemos en Honduras palacios lujosos y soberbios, como los que con profusión se ostentan en esta llamada *ciudad imperial*: no tenemos, ciertamente, nada que se les parezca ó aproxime, ni habria justificada razón para esperarlo; pero si el distinguido viajero hubiera estado realmente en Trujillo, gozando de buena salud moral y pudiendo disponer del uso cabal de sus sentidos, habria podido conocer que hay por allá muchas casas relativamente hermosas, limpias y bien montadas, que en los mismos Estados Unidos no se harian notar por su falta de *confort* y de decencia.

Pero lo que ya pasa de castaño oscuro, por comprometer la honra de personalidades bien determinadas, es lo que dice

el articulista con respecto á los oficiales de la Aduana de
Trujillo, á quienes yo conozco suficientemente para poder
asegurar que son dos caballeros honorables y temperantes,
que no tienen la costumbre de beber ginebra ni otro licor alguno, y mucho menos la de jugar á la suerte lo suyo ni lo
ageno.

Esos dos Señores oficiales, á quienes debió presentarse el
contador del barco de nuestro viajero, y que no son ni pueden ser otros, por la sencilla razón de no haber sido cambia-
dos y de que sólo ellos manejan las llaves de la Aduana y se
entienden con el recibo del dinero, nunca cierran su oficina
en los dias y horas hábiles, ni concurren jamás á las cantinas
públicas; lo que facilmente comprenderá el que sepa que, en
Trujillo, las personas decentes, aun siendo aficionadas á la
bebida ó al juego, no se entregan á satisfacer sus gustos en
tales sitios, á donde concurren únicamente los individuos del
bajo pueblo, con quienes, apesar de nuestra igualdad demo-
crática, no tienen la despreocupación ni el hábito de confun-
dirse.

Y aun se me ocurre hacer una pregunta. ¿ Cómo se las
compuso el ingenioso articulista, para averiguar que los oficiales de la Aduana, suponiendo ya que fuera verdad el hecho de haberlos encontrado jugando y bebiendo en una ta-
berna; cómo hizo para averiguar que el dinero que estaban
jugando era precisamente el mismo que habian recibido del
último vapor ?

¿Por ventura quiere dar á entender que aquellos llevaron
su cinismo hasta el grado de explicárselo así, no obstante
haber sido entonces la primera vez que se encontraban
con él?

¿O es que lo adivinó por el sistema de espiritismo, que tan
en boga se halla en este país del frio raciocinio, del positi-
vismo y de la cordura; ó bien por medio de la brujería, que
aun tiene cabida ancha en esta tierra de los domingos *poli-
ciados*, de los mormones y de los negros ilotas?

Sepase además, y sépalo el viajero reportador, ya que da
muestras de ignorarlo, que los vapores americanos dedica-
dos al tráfico de frutas en la costa de Honduras, y con especialidad los de la casa de Oteri de New Orleans, en uno de
los cuales parece haber hecho su fantástico viaje; sépase que
tales embarcaciones, en cambio de ser portadoras del correo,
y por el deseo que nos anima de fomentar y proteger por
todos los medios nuestro comercio con esta gran nación, no
están obligadas á pagar un solo centavo por derechos de
puerto; lo cual hace dudosa, y aun inaceptable, la historia
misma de que el contador del buque tuviera que entregar á
la Aduana el saco de dinero que sirvió de introducción y de
motivo para el relato de tal especie.

La Aduana no tenia, á lo que entiendo, por donde recibir ese dinero, toda vez que no verifica transacciones comerciales; y si fuera que el buque mismo, por cuenta de sus armadores, importó algunos artículos sujetos al pago de derechos arancelarios, siendo entonces el primer momento de su presentación en la Aduana, y que los tales artículos no habian podido desembarcarse para ser aforados y obtener la liquidación de la póliza respectiva, mal podia el contador haber comenzado por anticipar el pago de una cantidad cuyo monto aun no estaba determinado.

Á lo dicho se agrega, que los tales vapores tienen sus consignatarion en Trujillo, para el arreglo de todos sus asuntos financieros ó relacionados con la Aduana.

? Seria, por acaso, que aquel saco de dinero iba destinado para sobornar á los empleados, y por eso urgia su inmediata entrega?

Esto repugna por el solo hcho de pensarlo, sobre todo conociendo, como conozco jo, á los empleados aludidos y su justificada integridad.

Más aun: el juego á está severamente prohibido en Honduras y lo persiguen con tesón las autoridades ; y no es creible, en manera alguna, sobre todo para el que conoce la severa moralidad del actual Presidente de la República y de su Ministro de Hacienda, que los primeros empleados de la Aduana incurrieran en un escándalo público, que de seguro habria puesto en evidente riergo la conservación de sus destinos.

Es, pues, falsa tambièn, sin duda alguna, y malisímamente pergeñada, la historia de la cantina.

Y por lo que hace á la venta de licores, tampoco es verdad que haya tiendas donde sólo se expende ginebra, pues antes bien es el licor que figura por menos en el consumo; siendo igualmente falso y disparatado, cuanto el articulista dice, por ignorancia de los hechos y de lo que previene nuestro sistema rentístico, sobre lo que se dispone y observa con respecto á la introdución de licores extranjeros.

Por otra parte, el Gobierno no tiene, en todo Honduras, una sola fábrica de distilación.

Repito, pues, que el escrito á que me vengo refiriendo, ha debido ser, con toda probabilidad, un humilde ensayo de novela científica, inspirado talvez por la lectura de alguna de las interesantes producciones literarias del ameno y profundo escritor francés, Mr. Jules Verne.

Quizás sea esta una obra del mismo género á que pertenecen "La Isla Misteriosa" y "Un Viaje al rededor de la luna," en cuyo caso, aunque al presente no dé muchas señales el novel escritor de conseguir una fama muy preclara, talvez no sea imposible que, si continua trabajando sin desanimarse y el cielo dispone concederle una vida tan larga como la del bíblico Mathusalén, llegue por fin á lograr el objeto de sus ansias.

¿ Y por qué no ? La paciencia es uno de los atributos del génio, la voluntad es un poder de alcances maravillosos, la fé remueve y trasporta las montañas, el trabajo perseverante consigue realizar verdaderos milagros, los lóbulos del cerebro humano pueden ensancharse con el tiempo y la meditación, y las puertas de Blackwell's Island cumplen con el precepto evangélico de abrirse para dar entrada al que llama.

Quizás, pues, el Trujillo de nuestro viajero sea un lugar soñado en la tierra de los selenitas ó en las altas é inexploradas regiones del Austro ; que al fin es más cómodo y fácil suponérselo así, que aventurarse á los riesgos de tropezar inopinadamente con un bólido ó de comerse á sí mismo.

Pero si he dado afortunadamente en lo cierto, el ingenioso autor debió ser más ingénuo y darlo à conocer desde luego, para que los lectores de " El New York Times" supieran á qué atenerse, no sea que alguno vaya á creer que pudo referirse al Trujillo de nuestro prosaico planeta, de nuestro hemisferio boreal y de nuestro mismo continente,—donde diz que puso primero su planeta el sublime loco genovés,—que se halla situado á los 15° 55′ lat. N. y á los 86° long. O. del meridiano de París, y cuya a temperatura media es aproximadamente de unos 23° grados centígrados.

De otro modo, su obra peregrina traspone ya los límites morales de la novela, y hay que buscar su inspiración y sus resortes, no en los criterios sanos de la inteligencia, sino en los vapores de una imaginación desequilibrada ó en los pliegues sombrios y misteriosos de un corazón enfermo.

Se registra todavía, en el escrito que vengo rebatiendo, que los muchachos trujillanos hablan una monserga formada de palabras españolas é inglesas, aprendidas al garete en la calle; y esto, aparte de que el viajero escritor probablemente no conoce el español, como talvez no conozca ni su propia lengua, me confirma en la idea de que ha querido hacer meramente un juguete de invención, para divertir à los lectores de "El New York Times," ó que tomó por la ciudad de Trujillo alguno de sus citados caribales, donde ocurre efectivamente el caso de que se hable tanto ó mas inglés que español, por su inmediato parentesco y relaciones frecuentes con los negros de la colonia británica de Belize.

Y aun hay otra cosa de que no he hablado antes, y que patentiza, como todo lo demás, la pobrisima inventiva de su autor.

Quiero referirme al estrafalario cuento de que, en Trujillo, se hace preciso emplear á lo menos cien criados domésticos para el servicio de cada casa o familia, pues hay la costumbre de tener uno separado hasta para el oficio más insignificante, por manera que el que se ocupa, verbi-gracia, de arreglar las camas, no es el que sacude el moviliario, ni el que barre las habitaciones es el mismo que bota la basura; siendo uno también el que limpia los cubiertos, otro el que tiende la mesa y otro el que coloca los asientos, lo mismo que son distintos los que cuidan de cada plato en cada uno de los diferentes servicios de una comida; agregándose que, cuando uno de dichos felices fámulos ha cumplido con su especial encargo, no hay ya que contar con él para nada, pues el resto del tiempo es todo suyo y se lo toma de vaciones.

¿ Nó le parece al lector que necesitarian ser muy ricos y derrochadores aquellos endiablados pobretes trujillianos, para mantener así un verdadero ejército de holgazanes, capaces de arrninar á un Nabab con sólo tener que alimentarlos?

Hé ahí, pues, para el sutil viajero, el secreto de la escasez de la comida en Trujillo, donde estuvo, por cuentas, en peligro de morirse de hambre, sin duda por no haber podido conseguir una de aquellas envidiables y encantadoras plazas de sirviente doméstico.

Llega ahora su turno á la inactividad supina que el articulista enrostra á los habitantes de Trujillo, y á la exagerada pobreza que consiguientemente les atribuye.

No pretendo negar, y antes bien lo confieso con entera ingenuidad y soy el primero en deplorarlo, que la gran mayoría de nuestras gentes, como todos ó casi todos los hijos de los trópicos, son por lo general muelles, indolentes y perezosos, lo que resulta mucho más acentuado, cuando se las compara con los activos é infatigable norte-americanos; pero de eso á lo que el aturdido viajero asienta como un hecho, hay la gran distancia que voy á demostrar, haciendo, para ello, una relación suscinta del movimiento efectivo y del estado de los negocios de aquella localidad, en lo cual no debe perderse de vista el exiguo número de la población.

Deberá suponerse naturalmente, desde luego, que se trabaja lo necesario para producir lo que basta á alimentar, mal ó bien, á la problación fija y á la flotante, incluyendo, por supuesto, á los viajeros díscolos y maldicientes que compran á sabiendas *gallinas robadas*, y á los centenares de criados holgazanes y bien aventurados que están al servicio de las familias acomodadas, según juicios del articulista.

Despues hay que saber lo siguiente, de que puede tomar nota el viajero de los anteojos negros, para verificar su oportuna comprobación, si es que torna á visitar aquel país y goza de méjor salud.

Existe un comercio bastante activo entre Trujillo y la Isla de Cuba, á donde llegan todos los años, procedentes de aquel puerto, hasta cuarenta mil cabezas de ganado vacuno, en cuyo trasporte se ocupan varias lineas de vapores.

Hay otra linea regular de navegación, entre el mismo puerto y algunos de Francia è Ynglaterra, la cual se mantiene, desde hace algún tiempo, con reciproca ventaja para sus armadores y para los intereses de nuestro comercio con Europa.

También sostenemos relaciones comerciales de alguna consideración con la colonia inglesa de Belize, amén del tráfico doméstico entre dicho puerto y los demás de la República en la misma costa, Islas de la Bahia y varios otros de Guatemala y Nicaragua.

Existen en la actualidad muchas goletas y como una docena de vapores, haciendo regularmente el comercio entre New Orleans y la misma costa de Honduras y sus islas adyacentes, gran parte de los cuales se despachan en Trujillo y hacen allí sus negocios.

Hay también otra linea de navegación, directa y regular, entre aquel puerto y el de NewYork, en la que se ocupa, desde hace largo tiempo, el bergantin Americano "The Carrib."

Otros buques más, de vapor y de velas, procedentes de varios puertos de los mismos Estados Unidos y de Europa, hacen con frecuencia sus viajes á Trujillo, aunque sin la regularidad de los citados anteriormente.

Tenemos varias casas de comercio de bastante consideración é importancia, algunas de las cuales, como las hondureñas de que son jefes los señores don Próspero Castillo y don José Juliá y Caballero, y la inglesa de la razón social Binney Melhado & Ca, no harian un papel desairado en ninguna plaza de los EE. UU.

Existen en las inmediaciones de Trujillo, sostenidas y fomentadas en su mayor parte con capitales trujillanos, muchas y relativamente grandes plantaciones de cocoteros, bananas y otros productos agrícolas de los trópicos, capaces de dar alimento á las numerosas embarcaciones que, como ya dije, hacen el tráfico regular entre nuestro viejo puerto y la metrópoli del golfo Mejicano; sin contar con los productos espontáneos de nuestro suelo, que algún trabajo da su adquisición y que representan valores considerables, como son el oro en polvo, la zarza parrilla, cancho, tuno, cacao, vainilla, fibras, tabaco, palo de tinte y otros, que enviamos así mismo, en más ó menos grandes cantidades, á los mercados europeos y americanos.

Y á propósito del tabaco, cuya mención se me iba quedando en el tintero, como acaso me suceda todavia con otras cosas de menor importancia, diré que las apreciaciones y mala voluntad del articulista son de todo punto inconsideradas é injustas, salvo que los supuestos escoceses le hayan jugado una humorística burla, haciéndolo fumar hojarasca de la planta silvestre y sin preparación, ó bien algún sigarro de Virginia, pues de otro modo, y á no tener ulcerada la membrana pituitaria, habria podido conocer que tenemos dicho producto indéntico en cualidades al mejor que se cosecha en la isla de Cuba, é incomparablemente superior al más selecto de los EE. UU.

La acreditada hoja de Copán, en cuyo cultivo y elaboración se ocupan algunos expertos antillanos, pasa bien en muchos lugares por vueltavajeña, se exporta en grandes cantidades con honra y beneficio, y ha venido á constituir ya uno de los más apreciables ramos de nuestra riqueza nacional.

Tenemos igualmente cortes de caoba y otras maderas preciosas, destinadas á la exportación, donde trabajan centenares de operarios, y en cuyo trasporte para Europa, que, por la falta de atracción y liberales estímulos en los EE. UU. sigue siendo nuestro mercado principal, se ocupan anualmente varios y grandes barcos de vela y de vapor.

Contribuye en gran manera á aumentar nuestro comercio de exportación, una buena cantidad de pieles de ganado mayor y menor, selvático y de corral, cuya mayor parte se cotiza en los mercados americanos.

Por lo que hace al café, índigo, cochinilla, y otras producciones hondureñas de relativa importancia, nada digo aquí de particular, atendiendo á que apenas se cultivan algunas de ellas en Trujillo para el consumo doméstico, y á que la producción del interior de la República tiene su puerto de salida en la costa del Pacífico, lo mismo que sucede con las platas en bruto.

Actualmente se está formando, en los propios suburbios de Trujillo, un gran ingenio de caña de azucar, para cuyo cultivo no tienen rival nuestros terrenos, y que exhiben todavía la ventajosa circunstancia, sobre los mejores de Luisiana y Florida, de que una plantación medianamente atendida puede durar un siglo en buen estado de producción, sin haber necesidad de resiembras.

Hay, además, varios potreros de yerba para la crianza de ganados y para el repasto de los que se envian á Cuba, los cuales miden en conjunto más de medio millón de acres de tierra cultivado, entretienen permanentemente gran número de trabajadores y representan un valor que asciende á algunos centenares de miles de pesos.

Y existen, por último, como debe naturalmente presumirse, otras empresas industriales en menor escala, de esas que son indispensables para la vida de todo pueblo medianamente civilizado.

Ahora bien : ¿ Se parece en algo mi Trujillo al Trujillo fabuloso del novelesco articulista del " New York Times?"

Pues allí está el hecho real y conocido, á tres dias no más del Mississippi, no siendo por cierto ningún misterio, para los americanos que ven un poco más allá del alcance de su nariz.

Y á pesar de todo, Trujillo no es ni pretende ser, como antes he dicho, no ya la primera, pero ni la segunda, ni la tercera, ni la quinta ciudad de la modesta República de Honduras.

Fácil me seria aprovechar esta oportunidad, para dar noticias mas extensas y minuciosas sobre aquel Estado de la América Central, á cuyo conjunto sólo he podido dedicar muy breves è incompletas referencias, en tanto cuanto las he considerado indispensables para el objeto de esta rectificación.

Pudiera ciertamente decir mucho, con relación á las riquezas naturales que guarda en su seno aquel país virgen, fecundo é inexplotado, cuyos gérmenes prolíficos están llamando una concurrencia más activa del capital y de la industria, para convertirse en elementos positivos de incalculable prosperidad y bien estar.

Pocos, muy pocos lugares hay en el mundo, que puedan ofrecer ventajas y recompensas superiores á los esfuerzos del trabajo honrado è inteligente.

El hecho solo de sus innúmeros é inagotables tesoros minerales, seria suficiente para entretenerme con largueza en tales noticias, pues cabe asegurar que no existe allá un solo rio ni pequeño arroyo que no corra sobre aurífero lecho, ni talvez un solo palmo de tierra que no contenga, más ó menos, algùn depósito de metales preciosos.

Con todo y tener pocos brazos, capitales exiguos é industria rutinaria é incipiente, pues apenas nos han visitado las máquinas y procedimientos económicos de invención europea y americana, es ya relativamente considerable nuestra producción en el ramo de minas, y remunera con generosidad nuestro embrionario espíritu de empresa.

Aludiendo á la agricultura, que es sin disputa el núcleo más sólido de la prosperidad y grandeza de los pueblos modernos, he dicho que tenemos un dilatado territorio, donde se producen muy bien los frutos más apreciables de las zonas templadas, siendo verdaderamente pasmosa la vivacidad con que se ostentan los indígenas de la zona tórrida ; y toda vez que no debo hoy extendeme más sobre dicha materia, creo útil agregar aquí, que la inmensa mayoria de nuestros fértiles campos se conserva todavía inculta y sin acaparación, y que nuestro Gobierno y nuestras leyes dan gratis al primer ocupante, cualquiera que sea su nacionalidad ú origen, la propiedad perfecta de toda la tierra que logra cultivar.

Tales circunstancias necesitarian una relación detallada y completa, que con gusto particular daria yo aquí, sino fuera que he prolongado quizás demasiado esta correspondencia.

Lo haré, sin embargo, de palabra y desinteresadamente, con el que lo desee y se tome la molestia de inquirir mi dirección en mi respectivoconsulado.

¿Quién puede dudar de la distinguida parte que corresponde á Honduras en los altos y futuros destinos de nuestra grande y hermosa América?

Me permitiré, pues, observar en conclusión : que para hacer una novela digna de ser leida, es necesario,. entre otras cosas, tener buena imaginación, conocimiento del arte, habilidad de desarrollo, elevación de miras, gusto estético y gracia particular en el decir ; y que para viajar con provecho verdadero y poder dar una idea justa y cabal de lo que es un pueblo, conviene hacer una buena provisión de sindéresis, carácter observador, espíritu analítico, juicio recto é imparcial y.... un poco, también, de esas *qnsi-cosas* ó bagatelas que se denominan HISTORIA, GEOGRAFÍA Y ESTADÍSTICA,

JOSÉ M. AGUIRRE.

www.ingramcontent.com/pod-product-compliance
Lightning Source LLC
Chambersburg PA
CBHW022038080426
42733CB00007B/889